Los secretos de las madres felices

Stephanie Schneider

Los secretos de las madres felices

Una guía alternativa para las mamás de hoy

ONIRO

Título original: *Warum Mama eine rosa Handtasche braucht*
Publicado en alemán por Kösel-Verlag GMBH & Co., München

Traducción de Núria Ventosa Barba

Diseño de cubierta: Valerio Viano

Ilustraciones de cubierta y del interior: Angelika Ullmann

Distribución exclusiva:
Ediciones Paidós Ibérica, S.A.
Mariano Cubí 92 – 08021 Barcelona – España
Editorial Paidós, S.A.I.C.F.
Defensa 599 – 1065 Buenos Aires – Argentina
Editorial Paidós Mexicana, S.A.
Rubén Darío 118, col. Moderna – 03510 México D.F. – México

© 2005 by Kösel-Verlag GMBH & Co., München

© 2006 exclusivo de todas las ediciones en lengua española:
   Ediciones Oniro, S.A.
   Muntaner 261, 3.º 2.ª – 08021 Barcelona – España
   (oniro@edicionesoniro.com – www.edicionesoniro.com)

ISBN: 84-9754-233-9
Depósito legal: B-27.880-2006

Impreso en España – *Printed in Spain*

Índice

Prólogo

Cuando emprendí la aventura de la maternidad, mis primeras compras aún con el vientre liso me llevaron a una librería. Mi propósito era comprar una guía, y allí siempre solía encontrar el libro adecuado para cada situación vital: desde *Consejos para ver la tele* hasta *Regalos originales para bodas*.

«¿Tienen consejos dirigidos a las madres? ¿Ayudas para el día a día, trucos para mamás en activo y todo lo relacionado con la compra de ropa de bebés?»

La mirada de incomprensión de la vendedora y su *piercing* en el ombligo dejaban traslucir claramente que no tenía hijos. Tras pensar un rato, me aconsejó: «Mire en la sección de economía, en gestión». ¿Acaso insinuaba que el trabajo de un jefe de departamento en BMW se podía comparar de algún modo a las cargas de una madre? Al fin y al cabo, los directivos tienen pausas para tomar un café y plazos legales de rescisión del contrato. Cuando, después del fin de semana, regresan a su despacho, el sacapuntas sigue en su lugar y nadie ha derramado yogur sobre los archivos.

En esa ocasión, volví a casa sin el libro que buscaba. Entre tanto, se han publicado algunos buenos títulos con consejos para madres y he experimentado con ellos. Bueno, seamos sinceros: están en mi mesilla de noche y, en cuanto pueda, los analizaré detenidamente. Cuando vuelva a tener algo de tiempo, crearé las listas y las fichas recomendadas. En mi tarde libre, me prepararé una saludable ensalada con mucha vitamina E y discutiré con mi marido acerca de la importancia de la sensualidad.

Después me permitiré un tratmiento exfoliante de aguacate y ginseng. A este paso, creo que podré hacerlo dentro de dos años; quién sabe.

Sin embargo, ahora mismo sigo inmersa en la fase «cronometrada» de mi vida. La llamo así porque mi rutina diaria se compone de breves períodos de tiempo: durante cinco minutos mis hijas hacen tranquilamente un rompecabezas, durante tres minutos puedo hablar por teléfono sin interrupciones; la pausa del mediodía dura once minutos; la hora de lavarse los dientes, nueve. Estos breves períodos no son suficientes para leer largos manuales, pero sí para tomar un par de notas: por eso decidí escribir este libro. Mis fuentes de inspiración han sido mis amigas con hijos, mis propias hijas y la vida misma. Me daré por satisfecha si te facilita tu quehacer cotidiano. ¿Conoces otros trucos sobre cómo salir adelante con buen humor en un día de lluvia o en una cita con el dentista de los niños? Escríbeme. Al fin y al cabo, no todas tenemos que reinventar las sopas de ajo.

STEPHANIE SCHNEIDER

¿Eres feliz? Los niños necesitan un ejemplo

Haz que tu vida sea más fácil, pero haz algo

Imagínate esta escena: dentro de veinte años hojeas junto a tu hijo el álbum de fotos y no puedes evitar decirle: «¡Ésos sí que eran buenos tiempos! Pintábamos juntos, te contaba cuentos y nos hacíamos muchos mimos. Fantaseábamos y dibujábamos caras con mermelada sobre los pasteles. Disfrutaba mucho el tiempo que pasaba contigo y me sentía completamente relajada...».

¿Te parece que describo un panorama nada realista? Ciertamente, ser madre resulta agotador. Las mujeres que no tienen hijos apenas pueden imaginar lo que significa que coincidan la última muela de la más pequeña con la compra semanal y la infección intestinal del mayor. Es lamentable, pero las madres acabamos creyendo que no vale la pena hablar de todo lo que llevamos adelante. A la mayoría de nosotras nos preocupa más que el congelador esté bien surtido antes que tener la espalda relajada.

Llegados a este punto, me veo obligada a hacerte una advertencia incómoda: la solución está en tus manos. Si quieres convertirte en una madre feliz, tienes que hacer lo mismo que antes de empezar una dieta eficaz: tomar la decisión. Y realmente tienes que quererlo de verdad.

Precisamente, eso es lo más difícil de este ejercicio, porque la felicidad posee la peculiar característica de actuar como un imán. En cuanto estés encaminada hacia el éxito, cada vez harás cosas buenas con mayor frecuencia y facilidad.

Así pues, ¿qué puedes hacer?

Haz que tu vida sea más fácil. Nadie controla si cada día sales de paseo con los niños. Los gastos no aumentarán si, para el cumpleaños de tu hijo, le compras una tableta grande de chocolate en lugar de darle veinticinco galletas caseras de cereales. No existe ninguna ley que nos prohíba ir a nadar con los hijos o que nos impida disfrutar de agradables reuniones con los amigos. Éstos son los hechos.

Pero también es cierto que muchas madres jóvenes están tan agotadas que acaban optando por dos tranquilas horas en el sillón del dentista pese al dinero que les cuesta la consulta. Mujeres normales que ya no recuerdan el último estreno de cine al que asistieron; que algunos días no tienen ganas de contarles el cuento de «Misión: la Luna» para ponerles el cinturón de seguridad en la «cápsula espacial» del coche, y porque tendrían que convencerlos de que se atasen los cordones de los zapatos.

Relájate. Para sentirte mejor no tienes que comprar nada ni cambiar los muebles de sitio. Lleva a la más pequeña al gimnasio. Después de la cena, concédete una cita con tu programa favorito y una chocolatina. Todo seguirá en su sitio como el día anterior. Y, cuando te duermas, notarás la primera señal positiva en el estómago. Esto es el principio. Bienvenida al club.

Recompénsate. Eres el mejor purasangre de tus cuadras

Todo lo que cuesta mucho y es muy deseado, requiere mucha dedicación. Por este motivo, las recompensas deberían formar parte de tu vida diaria. Quizás el gusanillo de la conciencia intente convencerte de que lavar la ropa es más importante que dormir la siesta, y de que la familia y la cuenta bancaria son las principales perjudicadas si deseas relajarte en la sauna el fin de semana. Por favor, no escuches a tu conciencia.

Por el contrario, la próxima vez que charles con tu amiga, que es la directora de tu agencia bancaria, te explicará que se gastan una fortuna en el mantenimiento del ordenador central. Y cuando repitas incrédula: «¿Tanto...?», esta experta en finanzas te explicará que «el ordenador central es el motor de todo el grupo. No podemos permitirnos el riesgo de que un día se estropee ni economizar en este punto; con el ordenador central no hay ahorro que valga».

La cuidadora de tus niños, la empresa de entrega a domicilio y tu familia seguro que te prestan un buen servicio, pero tú sigues siendo el ordenador central de la empresa familiar.

Así pues, no repares en gastos y concédete todo lo mejor: tu plato favorito, buenos amigos y un ambiente agradable durante la cena. El lujo no depende del estado de tu cuenta bancaria, sino de tu actitud. Tienes que comer regularmente y te hace falta tiempo para ti. Debes dormir un par de horas seguidas, aunque tus hijos opinen lo contrario. Pon tus necesidades en el primer punto del orden del día familiar, para que todos, incluso tú misma, se den cuenta de lo que ahora mismo es prioritario.

Aunque el ajetreo diario en la mesa de la cocina no haya llegado al límite, no por ello mereces menos apoyo y relajación.

> **Las recompensas son como las pilas de repuesto:
> nunca son suficientes.**

Al fin y al cabo, trabajas para tu cuenta de satisfacción personal. Como madre, tienes la responsabilidad de estar bien abastecida. No hagas acopio sólo de papillas y cepillos de dientes, sino también de horas de sueño, fuerzas e inspiración. Tienes que aprovechar los momentos tranquilos para convertirte en un balón de vitalidad que destile alegría, puesto que es totalmente imprevisible saber cuándo ya sea la rotura de las cañerías en la guardería, tu método anticonceptivo particular o el bebé al que le están saliendo los dientes serán los próximos responsables de un estado de emergencia.

Haz un calendario de recompensas, en el que anotes cada día en qué han consistido éstas. Hablar toda la tarde por teléfono —o no contestar al teléfono durante toda la tarde—, un masaje en la espalda, escribir tu diario, ir al gimnasio, comprarte un par de zapatos, tomar tranquilamente un café, informarte en la agencia de viajes sobre ofertas para las vacaciones: no pongas límites a tu fantasía. Al principio, puede resultar útil escribir una lista y tener claro cuáles podrían ser tus recompensas personales. Incluso hacer esta lista puede resultar tan relajante que, por sí sola, se convierta en una recompensa.

Una vida de ensueño:
todo sea por los hijos

Acabas de leer la frase «¡Recompénsate!», y has caído en la tentación de abrir el frasco de galletas que tienes al lado. Bien hecho. Quizá te hayas preguntado que te depara el resto de capítulos de este libro.

No basta con permitirte unas entradas del último musical que se haya estrenado donde vives para tener luego que salir corriendo del teatro justo antes de acabar la función, porque tu hijo pequeño tiene un empacho tras haber comido tres bolsas de caramelos. ¿Por qué no vas a por todas? Al fin y al cabo, eres una gran actriz. ¡Ponte sobre la alfombra roja y asume el papel de protagonista!

Tienes un jardín bonito y un seguro contra accidentes para los niños. Pero, ¿te diviertes lo suficiente? ¿Hay ternura, aventura y variedad? ¿O en realidad podría haber un poco más de todo? ¿Qué pasaría si una conocida se convirtiera en una amiga de verdad? ¿O si aprovechases la tarde para una charla íntima con tu marido en la mesa de la cocina en lugar de ceder a la rutina de ver un programa de televisión?

A partir de hoy puedes comer salmón al vino blanco, en lugar de preparar los bocadillos de crema de cacao. (Por supuesto, siempre que no consideres estos últimos un manjar.)

Toda madre se esforzará por ser paciente, cariñosa y alguien en quien se pueda confiar. Pero una madre ¿también puede ser egoísta? ¡Sí! De hecho, es lo mejor que puedes enseñar a tus hijos.

Observa a los pequeños: tu hijo de apenas dos años se pinta los labios con un rotulador como cree habérselo visto hacer a su madre, y su hermana imita de manera encantadora tu tono de voz cuando le explica algo a la niña con la que está jugando. Para nuestros hijos somos ídolos, ejemplos, modelos de conducta.

¿Quién, sino nosotros, debe enseñarles cómo funciona la vida y cómo se hacen realidad los sueños? No es suficiente que les enseñemos a dar una voltereta y a utilizar el cuchillo y el tenedor, y dejemos los asuntos más importantes, como la realización de sus sueños, en manos de una cuidadora infantil en prácticas con jornada reducida.

Si eres comerciante, existe cierta probabilidad de que tu hijo asuma algún día el mando de la empresa familiar. Una persona con rizos o alergia al polen también puede dejar algo en herencia. Incluso Bob el constructor parece que contaba en su galería de antepasados con un conductor de excavadora con una buena barriga. Sagas enteras de deportistas de élite, profesionales diversos y artistas demuestran que los hijos acaban orientándose según la visión del mundo de sus padres. Así pues, ¿en qué es muy probable que se convierta el hijo de una madre feliz? ¡En un niño feliz!

Lo que nunca debe faltarle a una madre feliz

Risas y buen humor

La rutina de una madre joven a tiempo completo es más entretenida de lo que uno podría imaginar de antemano. De vez en cuando, mis hijas y yo coincidimos con la mujer de un personaje famoso cuando lleva a sus hijos a la guardería por las mañanas. Además, también hemos podido observar que han instalado la calefacción en el edificio de la esquina e, incluso, hemos visto un perro salchicha con impermeable. Sin embargo, por mucho que me esfuerce, no soy capaz de recordar a un grupo de madres riéndose despreocupadamente.

Las madres sonríen cuando sus hijos de un año pueden calzarse orgullosos unas botas de agua de la talla cuarenta o fruncen el ceño sarcásticamente cuando el jardinero les sube la tarifa; pero una carcajada realmente satisfactoria y liberadora es algo poco frecuente.

Hoy en día, existe incluso una terapia cuyo objetivo es analizar los efectos de la risa sobre el cuerpo. Los risoterapeutas, tal como se hacen llamar los expertos de la risa, demostraron en un estudio de la Universidad de Graz lo que en realidad hace tiempo ya sabemos: reír es sano. Quien se ríe a menudo y a gusto, puede reducir su presión sanguínea y mejorar su salud a largo plazo.

Ahora seguramente estarás pensando: «Claro que me gustaría pasármelo bien, pero la mañana no ha sido precisamente divertida». Desde luego, resulta más fácil disfrutar de la vida bajo un cielo azul radiante y después de una excursión en bicicleta sin pinchazos, pero la realidad a menudo es diferente. Sin embargo, allí donde acaba la diversión empieza el sentido del humor. Es algo que sirve de ayuda a las madres felices y a todos los demás seres humanos realistas sobre la faz de la tierra.

Hace falta sentido del humor...

- cuando tu hija te explica que va a casarse con papá y añade: «pero a la rubia que a veces lleva a la oficina no la invitaré»;
- cuando desde el desayuno te preguntas a dónde habrá ido a parar tu tostada con mermelada y de repente compruebas que tu hijo ha aprendido a poner una cinta de vídeo en el reproductor;
- cuando, como madre de tres hijos, vas a la revisión ginecológica anual y la joven ayudante de la doctora no se cree que no estés embarazada hasta que no comprueba la ausencia de latidos al hacerte una ecografía;
- cuando la descripción «asistencia todo el día» resulta no ser del todo cierta tratándose de la guardería de tu hija.

Lo cierto es que, hace falta una gran dosis de sentido del humor e ironía para sobrevivir a la única semana lluviosa del año en la playa donde transcurren tus vacacaciones. ¿De quién reírnos, sino de nosotros mismos? Los programas de radio y televisión que nos hacen reír son más raros que unos cuatrillizos en silencio. Incluso la operación de cadera de mi tío tendría un espacio de emisión más atractivo que las películas con madres perfectas y divertidas como protagonistas.

Quien, a pesar de todo, busque modelos para divertirse cuidando de sus hijos, tendrá que recurrir a las películas cómicas con Steve Martin o a relatos hilarantes. Pero volvamos a ti. Únete a nuestro grupo de humor amarillo retorcido en lugar de pertenecer a esa categoría de personas que tienen que apagar el ordenador para poder reírse y reintegrarse a la vida social. Al fin y al cabo, nuestra rutina está repleta de pequeñas historias absurdas, como cuando nuestro hijo de dos años vomita en el coche durante una excursión o su hermano mayor oculta en la arena las llaves del apartamento en la playa. Nuestra vida de cada día oculta un potencial que no tiene desperdicio. Así pues, como madres, debemos convertirnos en aquello que siempre fuimos: las responsables de programación del sector de entretenimiento.

Otras madres y gente del barrio

Basta con echar un vistazo al catálogo de accesorios para bebés para darse cuenta de que hacen falta muchas cosas en la vida de una madre feliz. Existen bolsas plegables con termo a juego, complementos para dormir y teléfonos móviles a prueba de babas con los que preparar a la niña de tus ojos para la vida adulta. Pero, ¿es realmente todo esto lo que necesitamos? No tengo nada en contra de los albornoces infantiles con diseños de hada madrina, pero lo más importante son las amistades y los contactos. Calman a los niños llorones e, incluso, ayudan con los dolores de cabeza o los resfriados.

> **Pasar tiempo en compañía de personas agradables es el camino más eficaz para alcanzar momentos de felicidad.**

Si puedes mantener al volante una conversación agradable con tu acompañante, la cola en la autopista pasará tan rápido como un suspiro. En compañía de otros padres todo resulta más fácil: resignarse a ver los conciertos por la tele y, en su lugar, ir a la fiesta del barrio. Incluso una gripe puede convertirse en unas minivacaciones si la pasamos en compañía de alguien. ¡Las personas convierten nuestra rutina en una vida atractiva!

No tiene por qué ser una amistad profunda la que intensifique tu sensación de bienestar. Si tienes hijos, tu círculo de conocidos será bastante grande. Y de hecho, si por alguna razón desearas pasar inadvertida, te sorprendería la cantidad de carteros, vecinos, niños, otras madres, barrenderos, propietarios de perros y dependientes de comercios que te conocen y podrían identificarte.

Crear contactos y cuidarlos parece muy fácil. Y también lo sería si no tuviéramos estereotipos demasiado exactos de cómo debe transcurrir una reunión de estas características:

- Los niños han de mostrar un aspecto como si llevasen horas jugando amigablemente; en cambio, su habitación debe estar inmaculada, como si a estas horas todavía nadie hubiera entrado en ella.
- Debe haber algunos tentempiés sobre la mesa, que apetezcan tanto a los niños como a los adultos, y que, a ser posible, sean además saludables.
- Se deben garantizar los requisitos de ocio: para los pequeños, en forma de una pared para escalar o un par de rotuladores nuevos y, para los adultos, en la figura de una anfitriona optimista y locuaz.

Nos dedicamos con tanto ahínco a cuestiones triviales que a veces perdemos de vista el espíritu real del encuentro.

> **En nuestra cultura, nos reunimos cuando a uno le van bien las cosas, en lugar de vernos cuando uno se encuentra mal.**

Otras culturas tienen mejor asumido que son los encuentros los que nos hacen felices, y no una sala de estar bien ordenada o un apretado programa de actividades.

En algunas culturas, las madres reciben la visita de otras madres después del parto. Y no sólo para llevarles un regalo, sino también para prestarles ayuda eficaz durante las primeras semanas. En los países de clima cálido, encontramos a hombres y mujeres sentados en la calle charlando a la puerta de sus casas. No parece que les preocupen otros asuntos vitales, como el programa de televisión de moda. Un ejemplo que muy bien puede compararse al de las madres que pueden permitirse ir al parque con sus hijos.

Si quieres tener una alfombra inmaculada, contrata a una asistenta. Si quieres a alguien que llegue a la hora, invita a un agente judicial. Y si sólo quieres relajarte, siempre que los niños jueguen en buena armonía, mejor vete a corretear con Heidi y Pedro por los prados de alta montaña. Si, por el contrario, quieres conocer a personas, baja tu nivel de exigencia y concéntrate en lo principal:

> **Las madres felices no necesitan una distribución perfecta de los invitados en torno a la mesa ni un programa de animación, sino únicamente ganas de encontrarse con otras personas y la disposición a no conceder importancia a cosas que no la tienen.**

La bolsa de la basura y el espacio en el armario

Imagínate que participas en la fiesta anual de la Asociación de Madres Felices y ganas el primer premio en la tómbola. La presentadora te da a elegir entre dos vales: «Cinco cosas que desaparecerán de tu vida» o bien «Cinco cosas que aparecerán en tu vida». ¿Por cuál optarías?

La mayoría de los concursos nos premian con riquezas más o menos seductoras. Pero, ¿qué sacamos de un viaje, si al volver a casa nos esperan una montaña de trabajo y dos niños con gripe?

> **Las cosas que tenemos no nos hacen felices,
> sino aquellas que no tenemos.**

Lo que deseamos no son disgustos, ruido, desorden, enfermedades o reuniones. Queremos tener cinco kilos menos en las caderas en lugar de unos pantalones nuevos de la talla siguiente. Y, en realidad, no nos apetece recibir fisioterapia ni baños de fango, sino simplemente que desaparezca el dolor de espalda.

Probablemente no exista ningún hechizo para disipar las enfermedades o las dificultades económicas en cuestión de segundos como por arte de magia. Pero, entre nuestros problemas restantes, existen algunos que se pueden desechar sin más en el cubo de la basura.

> **¡Las madres felices no tienen miedo a tirar cosas!**

¿Por qué es así? Porque, con cada bolsa de basura que tiran, son más felices. Lo que ya no poseen no tienen que protegerlo

contra vertidos accidentales de zumo de manzana, ni guardarlo, ni subirlo al tercer piso ni discutir porque se ha extraviado.

En las familias, las pequeñas y grandes propiedades son una cuestión siempre presente, porque los niños y sus necesidades cambian de modo constante. Tanto si se trata de zapatos, muebles o sillitas, es inevitable comprar algo nuevo cada dos por tres. Si no quieres que tu buen humor quede sepultado debajo de todos esos objetos, las bolsas de basura y los mercadillos cobran importancia. Asegúrate de tener espacio libre y despréndete de todo lo que puedas:

- **Restos de comida:** ¿crees de veras que en los próximos días devorarás el huevo frito de anteayer en un ataque repentino de hambre?
- **Ropa:** ¿le pondrás a tu hijo un suéter verde chillón con estampado de liebres sólo porque te lo han regalado?
- **Objetos rotos:** ¿juras y perjuras que llevarás a reparar la linterna antes de que acabe el año?
- **Cosas que no te gustan:** ¿acaso quieres que, cuando te hagas famosa, se publique esa horrible fotografía tuya?
- **Objetos que no utilizas:** ¿prefieres renunciar a tener otro hijo porque la habitación que te haría falta está decorada con los muebles de tu bisabuela?

No existen límites para tu fantasía. Olvídate también de los números de teléfono que no utilizas, o de las máximas vitales pesimistas.

Por lo demás, para retirar los objetos en desuso sirven las mismas reglas que para tus ejercicios del suelo pélvico: conviértelo en una costumbre de por vida y hazlo aunque sea durante un par de segundos cuando te acuerdes. Ahora mismo, por ejemplo. ¿Estás en el dormitorio?: en la mesilla de noche está acumulando polvo el catálogo de viajes de la última temporada... ¿Estás en la sala de espera de una consulta?: aún guardas en tu bolso tres facturas antiguas y una pegatina del taller del coche... Prácticamente ninguna otra afición resulta tan barata y duradera, pero tiene un efecto secundario: tirar cosas crea adicción.

Consejos para eliminar el desorden de la habitación de los niños

- Es cierto que los niños pueden jugar prácticamente con cualquier cosa; da igual si se trata de un reproductor de CD roto o de cajas viejas. Pero no utilices eso como excusa para convertir su habitación en una pila de residuos y en el almacén central de cosas viejas.
- Si no estás del todo segura acerca de si tu hijo echará de menos sus últimos veinte dibujos con rotulador o la banderita publicitaria de la panadería, esconde estas cosas durante un par de días. Lo que no reclame durante este lapso, normalmente puede desaparecer para siempre.
- Ten en cuenta la directriz siguiente: si como persona adulta te resulta difícil ordenar por completo la habitación de tu hijo, porque necesitas recordar el lugar de las diferentes cosas, entonces tu hijo tampoco jugará allí. ¡Ha llegado el momento de conceder más libertades a tus hijos!

Motocicletas y bolsos rosa

Ayer fuimos a la piscina. Justo cuando abandonábamos el vestuario, acompañadas de nuestros pequeños deportistas con los pañales recién cambiados, un empleado con un par de sandalias de tacón en la mano vino hacia nosotras haciéndonos señas mientras gritaba: «¿Son suyas?». Como respuesta, el pobre sólo obtuvo miradas muy significativas.

De hecho, tendría que haber imaginado lo absurda que era su pregunta. Antes verás a un presentador de televisión pasándose a otra cadena que a una madre yendo a hacer deporte con tacones de aguja. Pero el hecho de que los tacones, la incómoda bisutería de moda o las fundas blancas para el sofá no sean compatibles con los niños no significa necesariamente que no nos gusten.

> **¡Incluso a las madres les apetecen de vez en cuando cosas superficiales o inútiles!**

Para mí, el símbolo por antonomasia de un lujo de este tipo es el bolso rosa, aunque sólo imaginarlo pueda suscitar los sentimientos más contradictorios. Las reacciones van desde «¡por fin me permito un capricho!» a «símbolo de rango social de esas superficiales mujeres consumistas». Durante años, las casas de muebles para jóvenes han apostado por el color rosa en forma de lámparas de flexo para leer y cortinas para la ducha; por otro lado, no hay mujer que no pase regularmente por las secciones de bisutería, cinturones brillantes y bolsos de unos grandes almacenes. No obstante, casi ninguna de nosotras podría evitar sonrojarse de alegría cuando las que fueron nuestras compañeras de colegio nos dijeran en la reunión de antiguos alumnos: «¡Tú sí que has cambiado! Ahora eres más bien del tipo "bolso rosa", ¿no?».

La imagen de estos bolsos no es casual:

- No son ni prácticos ni sensatos.
- Cuestan un dinero que, de lo contrario, gastaríamos en más cosas para los niños.
- No combinan ni con la imagen de pantalones sucios de barro ni con la estampa social de la madre afectuosa.
- Y probablemente ninguno de ellos sobreviva al cambio de tendencias del próximo verano. Pero, ¿a quién le importa? Por suerte, los dictados de la moda no son algo que a las madres les preocupe demasiado.

Pero todo esto no puede apartarnos de la cruda realidad: el bolso rosa encarna una necesidad femenina ancestral. Indudablemente, eso no significa que tengas que comprarte uno en la primera tienda que veas. Al fin y al cabo, ninguna de las madres jóvenes de mi círculo de conocidos pensaría ni por un segundo en separarse de su práctica mochila o de su gran bolso con múltiples divisiones interiores. (Tampoco yo tengo la intención de adquirir un ejemplar rosa de este tipo, que sólo combinaría relativamente con mis zapatillas de deporte y el impermeable...)

> **En realidad, tú tampoco necesitas un bolso rosa. Te basta con la sensación de que te lo podrías permitir en cualquier momento, si alguna vez te apeteciera.**

El bolso rosa nos recuerda que, sin dejar de amar a nuestra familia, tenemos igualmente derecho a las cosas bonitas, cursis, caras y poco prácticas de la vida. No tienes por qué ejercerlo en forma de bolsos de colores. Al fin y al cabo, existen otras cosas de las que nos enamoramos, aunque la razón siempre tenga a punto miles de buenos motivos en contra:

- No quieres vender ni la motocicleta ni la tabla de surf, aunque hace cinco años que no las utilizas.
- Tienes cuatro pares de chancletas de colores abandonadas en el mueble zapatero, porque hacen que subir escaleras con un niño pequeño se convierta en un riesgo incalculable.
- Hoy has iluminado con un ramo de tulipanes amarillos tu casa languidecida por el mal tiempo, aunque mañana la familia se marcha de vacaciones durante dos semanas.
- Te atreves con un *piercing* en el ombligo, un tatuaje con henna o la primera permanente de tu vida.

Si en la próxima reunión de antiguos alumnos, la compañera estricta que nunca te dejó copiar en los exámenes se acerca a ti con un bolso rosa, nada debería detenerte: ¡directa a la barra del bar! Podría ser el principio de una gran amistad.

Autoelogios y aplausos

Todos necesitamos algo diferente para sentirnos bien: unos se empeñan en el papel higiénico de varias capas, otros sólo se sienten a gusto si tienen un buen coche aparcado frente a la puerta, mientras que para la gente famosa el truco consiste en aparecer regularmente en la prensa del corazón; a cada cual según sus preferencias. Pero todos nos revalorizamos con los elogios y la autoafirmación.

Pocas veces nos alaban tanto como nos gustaría. Se trata del «efecto de las patatas fritas»: no importa cuántas veces hayas picado, siempre quieres un poco más. ¿En quién podríamos pensar para que nos colme de elogios y cumplidos?

- El propio marido no puede, porque está bañando a los niños.
- El gobierno no puede, porque tiene que ocuparse de la próxima reforma del mercado laboral en lugar del nuevo hijo.
- Los padres no sirven; ellos siempre nos quieren incondicionalmente.
- ¿Y tu mejor amiga? A ella también le gusta escuchar unas cuantas palabras reconfortantes desde que debe enfrentarse a su rutina familiar y doméstica.

¿Es que la mujer tiene que hacerlo todo sola? En caso de duda, sí. Si bien los autoelogios no gozan de gran popularidad, no los escatimes contigo misma, aunque probablemente, debido a la dolorosa tensión en las cervicales, no te resulte fácil darte una palmadita en el hombro... He aquí algunas cosas que puedes hacer:

- Intercambiar cumplidos con otras madres. Cuando otra mujer dice algo elogioso sobre nuestros hijos o repara en nuestro nuevo corte de pelo, puede alegrarnos el día.

29

- Ve a Ikea, a Habitat o a otra tienda de muebles y artículos para el hogar, y disfruta de alguien que parece conocer mejor tus necesidades que tu propio compañero.
- Olvídate de fregar los platos y tómate el tiempo necesario para que tus hijos te puedan demostrar con orgullo a través de sus propios dibujos cuánto te quieren.
- Mímate un poco con un masaje, una limpieza de cutis o una visita al peluquero.

Algunos autores recomiendan a las personas que quieren alcanzar la prosperidad que escriban un «diario de éxitos», en el que anoten cada día un par de líneas sobre aquello que les ha salido bien. En mi caso, requiere demasiado tiempo como ceremonia periódica, puesto que, al convivir con dos pequeños talentos del arte, resulta difícil encontrar de inmediato un lápiz cuando lo necesitas; pero me parece una idea eficaz.

Haz el ejercicio mentalmente mientras ordenas la casa, vas a la tienda para bebés o en este preciso instante: ¿qué cinco cosas has resuelto con éxito hoy? ¿En qué momentos del día has brindado consuelo, cocinado, explicado, llevado en coche o tomado una decisión de forma satisfactoria?

Y tú replicarás: «Pero es normal acudir escrupulosamente con tu hijo a la cita para las vacunas o acordarse de ponerle un gorro en invierno». Es cierto. No obstante, aunque se trate de algo previsible, la cuestión es que lo has hecho y lo has hecho bien. Quizá lo que te falte sea una buena memoria, porque oportunidades para autoelogiarse desde luego abundan.

Tormentas de otoño y sensualidad

Noche tras noche, la publicidad me muestra queso fundido, bebés plácidamente dormidos y hombres musculosos en la playa. ¡Una fiesta para los sentidos! De hecho, cuando las chocolatinas relucen en la pantalla pienso: «¡Con tanta sensualidad, parece que el mundo publicitario haya sido creado para las madres felices!». Pero, cada vez, al poco rato me doy cuenta de que la oferta televisiva se limita a escenas en la playa, objetos brillantes y humeantes y –en función de la época del año– con aroma a melocotón o canela. ¡Y a eso lo llaman «disfrutar con todos los sentidos»! ¡Para un grupo de niños revoltosos capaz de esgrimir cada día un nuevo argumento con tal de no lavarse los dientes, resulta demasiado aburrido!

Las madres felices no se dan por satisfechas con los destellos efímeros. También se permiten un par de sombras, porque, al fin y al cabo, el «pato agridulce» carecería de sabor sin el elemento «agrio», e incluso el teatro de títeres no tiene gracia sin los ladrones. No obstante, es práctica habitual evitar todo aquello que pueda resultar desagradable. A veces se producen escenas grotescas, cuando la agitación por incidentes nimios es mayor que el dilema en sí.

Según esto:

- Un presidente de gobierno decide sobre cuestiones cruciales del mercado laboral y, después, esconde apocado la cabeza cuando se moja porque caen cuatro gotas.
- Unos recién casados en luna de miel, cuyo amor debería ser para toda la eternidad, ponen caras malhumoradas porque tienen que esperar solos durante treinta minutos en el autobús que los traslada al hotel.
- Un marido y sus hijos declaran que una mujer es la más bella del mundo y tú ni lo oyes, porque estás totalmente horrorizada por un poco de celulitis.

> **Las madres felices emprenden a diario un viaje de exploración con sus sentidos.**

Podemos dejarnos ayudar por nuestros pequeños. Los hijos nos llaman la atención sobre relaciones de las que ya no nos percatamos, y nos cuentan cosas que no percibimos desde hace mucho. Basta con dejarse llevar: ¿qué hay en medio del camino?; ¿cómo es el hormigueo en mi pie izquierdo?, ¿quién puede correr más rápido?; ¿qué tacto tiene la bolsa de chocolatinas crujientes?; ¿no ves cómo están floreciendo los árboles?

Ayer, mi hija mayor y yo estuvimos observando una gran y apestosa alquitranadora mientras trabajaba en la calle. Me estaba preparando para el grito de protesta de mi hija hipersensible cuando exclamó contenta: «Me gusta cuando huele "a calle" como ahora».

Los niños no se conforman con las observaciones habituales, tal como acostumbramos a hacer los adultos. Prueban qué sabor tienen los lápices de colores, cómo huele el libro de dibujos y qué sensación produce meter el dedo en el tarro del yogur.

¿Y tú? ¿Sabes cómo huele tu armario ropero? ¿Eres consciente de si tu café tiene un aroma distinto al del que compra tu amiga? Si la respuesta es no, todavía queda mucho potencial por explotar en tu vida cotidiana.

Aunque no te muevas de casa, juega a que estás de vacaciones: compra en el mercado alimentos de países exóticos. Admira la luz que cambia continuamente y tu cómoda casa de vacaciones. ¡Disfrútalo! De alguna manera hay que sobrevivir.

Las madres felices se ponen fáciles las cosas. Han aprendido a disfrutar de un par de tomates frescos o de la lluvia, en lugar de hacerse adictas a la previsión del tiempo y a los ahorros para las vacaciones. Únete al club. No tienes por qué salir de acampada si hay una tormenta de otoño; basta con observarla y disfrutar de ella detrás de la ventana.

El yin y el yang

Hay elementos procedentes de la cultura china que gozan de mucha popularidad entre nosotros, aunque no contengan glutamato sódico ni estén fabricados con caña de bambú.

Es lo que ocurre con el yin y el yang, dos impulsos que se complementan y por los que se rige el universo entero. Tales impulsos los conocemos, por ejemplo, en el cambio de la noche al día, al inspirar y espirar, o en la combinación de lo masculino y lo femenino. El yin no puede existir sin el yang, y viceversa. Sólo nos sentimos relajados y equilibrados al alcanzar la proporción correcta.

Puesto que las madres felices simplifican todo lo que cae en sus manos, lisa y llanamente esto significaría:

> **¡Permítete de todo un poco!**

Suena bien, ¿no? El resultado es una exitosa carrera profesional a pesar de la maternidad; disfrutar del sexo a pesar de las estrías del embarazo; no aumentar de talla de pantalones a pesar del café con leche y azúcar, y así en todo. Sólo porque lo uno sea correcto no necesariamente tiene que ser falso lo otro.

Busca el equilibrio:

- Busca una sombra cuando haga sol.
- Ve al solárium cuando esté nublado.
- Pon un pellizco de azúcar en el sofrito de tomate.
- Filosofa sobre tu concepto de lujo, cuando tus extractos bancarios reluzcan con las cifras de gastos.
- Celebra tu gloriosa aparición en «¿Quieres ser millonario?» tomando un batido de chocolate.

- Sigue pelando las patatas con impasible actitud meditativa cuando tus hijos estén ocupados.
- Bebe un vaso de agua con la comida y come antes de ir a una cata de vinos.

Si la próxima vez dudas sobre si complementar tu noche ante el televisor con una bolsa de patatas, aunque hoy hayas soltado a tus hijos un discurso sobre la alimentación sana, piensa en el equilibrio de los elementos. Después de tres comidas tipo puré yin y un libro de cuentos políticamente correctos, ha llegado la hora de tu noche de fiesta, que consistirá en una bolsa de 250 gramos de yang.

En qué cosas suelen ser modestas las madres felices

Regalos promocionales y otras riquezas

Parece ser cierto que ciertas familias con hijos, en un soleado sábado de verano, organizan una excursión en coche al centro comercial, que está a diez kilómetros de distancia sólo para beneficiarse de la oferta del día: al comprar diez kilos de naranjas, te regalan un cubo de plástico como promoción.

Estos padres están convencidos de que el cubo les sale gratis. Pero, ¡nada más lejos de la verdad! Simplemente, no tienen que pagarlo en caja. Sin embargo, ya han retirado de su cuenta particular una buena dosis de relajación matinal y dos horas de tiempo libre, que podrían haber destinado a una salida al campo. El obsequio les ha salido caro, sin olvidar que ni siquiera necesitaban un segundo cubo en casa.

Los regalos promocionales son todo un fenómeno. Existen puntos de bonificación, recompensas por fidelidad y suscripciones gratuitas. Si compro un coche, me regalan el aire acondicionado; ni siquiera es posible abandonar la consulta del médico sin un par de vitaminas «de prueba». Las madres jóvenes que en el hospital, en parte todavía bajo el efecto de analgésicos generosamente administrados, han firmado la tarjeta correspondiente, se benefician además de las ventajas que les ofrecen las empresas de pañales y biberones. Cuando te visitan en casa, sus amables empleadas llevan consigo prácticamente todo lo que podría necesitar una madre novata: desde pruebas de leche hasta seguros de accidentes para niños.

Así pues, no resulta extraño que lleguemos a la conclusión más lógica: si me lo dan gratis, no puede perjudicarme si lo acepto.

Sin embargo, la realidad es que llegas a casa con dos niños pequeños hambrientos que han estado jugando en el parque, para tener que subir la escalera con un peluche, una bolsa, dos palas de arena... sin olvidar a los dos «dulces» niños. Si a ello le añades, además, dos gorras de visera infantiles y un grueso catálogo gratis, ¡verás las cosas de otro modo!

Ningún paso en nuestras vidas está libre de consecuencias. Tu adorable tía te llamará en el preciso momento que habías elegido para dormir junto a tu marido una plácida e íntima siesta. El agradable representante de la entidad financiera sin comisiones espera una explicación sobre por qué no te va bien que pase a visitarte precisamente hoy, mientras dejas que tu hijo gatee sin pañales, para aliviar la irritación de sus nalgas, por el parqué «fácil» de limpiar. Y, a lo largo de cuatro semanas, te repites una y otra vez que debes anular la suscripción de prueba a aquellas revistas para las que, desde el principio, sabías que no habría tiempo.

> **Determinadas cosas son gratis. Pero, aun así, cuestan tiempo, energía y atención.**
> **Invierte en las relaciones y los recuerdos duraderos en lugar de hacerlo en bolígrafos y muñequitos de plástico de dudoso valor.**

El verano pasado vendimos en un mercadillo todo tipo de curiosidades y regalos promocionales que habíamos acumulado durante los últimos cuatro años. Nuestro lema esa mañana era:

«¡Tenemos que desprendernos de todo!», así que se dio el caso de que una cafetera cambió de manos por una cantidad ridícula. Pero, cuando le dije a un hombre lo que pedía por un par de estuches de CD vacíos, mi respuesta desencadenó un sinfín de reproches por su parte: «¡No tienen ni idea de lo que se están desprendiendo! Deberían anunciar las cosas en Internet, en lugar de venderlas a un precio tan bajo aquí. ¡Por esta caja me darán tranquilamente diez veces más!».

La tertulia del café y otras citas

Probablemente no sea ninguna casualidad que a todas las embarazadas las acompañe durante prácticamente cuarenta semanas la pregunta: «¿Cuándo tienes tu próxima visita de control?». En lo más profundo de su interior saben a lo que se han comprometido: ¡las citas!

Ya conocemos esta delicada cuestión de nuestra vida anterior como vendedoras de seguros, clientas o pacientes. Entonces hacíamos juegos malabares con los plazos y las citas inamovibles, y los sorteábamos graciosamente. Así, no nos debería amedrentar que, desde el nacimiento de nuestros hijos, se hayan triplicado nuestras citas con el médico.

Y, a pesar de ello, este asunto altera, irrita o entristece a cualquier madre feliz. A menudo, olvidamos que la especie «niños» requiere una singular atención en el momento de planificar nuestras citas.

> **Los niños todavía no tienen noción del tiempo, de modo que no necesitan planificar su tiempo libre.**

Para tu hija debe resultar difícil comprender por qué precisamente hoy debería tener ganas de jugar con tu vecina Lidia, sólo porque hace tres semanas así lo acordaste telefónicamente con su madre. Los niños y niñas se enfrentan a la rutina con una despreocupación que a los adultos nos resulta totalmente ajena. El tiempo se estructura básicamente según los juegos y las comidas, y el ritmo del sueño viene determinado por el azar, y no por el despertador. Por la mañana no saben qué les deparará la tarde, y hasta el próximo carnaval todavía queda una eternidad inimaginable. Todos los adultos son conscientes de que esta época de la vida nunca se repetirá. Seamos cuidadosos con el tiempo de nuestros hijos. La directriz debería ser: nosotros fijamos las citas, en vez de dejar que las citas nos condicionen.

Esto no puede ser un proceso natural mientras en muchos hogares haga falta un programa informático para planificar el tiempo libre. Tengo muy claro que el director de una importante empresa no puede permitirse decir: «¿Te apetece venirte hoy a una reunión del consejo de administración con los japoneses?». Pero no hay que llegar al extremo de, al principio del trimestre, apuntar en mi agenda que dentro de ocho semanas he de preparar café porque vendrá la madre de Eva.

Elimina la presión por las citas de fabricación casera.

Sin duda alguna, conoces las limitaciones que comporta vivir con niños pequeños. Pero ¿acaso eres consciente de las libertades que te brinda tu situación actual? Dentro de dos años ¿todavía prepararás bocadillos para un regimiento, pondrás gorras a todos tus pequeños colaboradores e irás de compras por la mañana después de haber tenido una ocurrencia espontánea? A menudo, las madres muestran una sorprendente flexibilidad respecto a su planificación diaria, siempre que ellas mismas no limiten esta libertad bajo la presión de las citas autoimpuestas.

Pelo corto y otros cambios

Estamos viviendo unos años de profundas transformaciones, luchando contra viento y marea. Nuestra vida cambia...

- de la talla de pantalones 36 a la 42 (con suerte, recuperaremos la talla inicial);
- de una habitación compartida a una casa de dos pisos;
- del puesto de implacable experta en finanzas a representante exaltada de los padres en la tienda de puericultura (de nuevo, con suerte, volveremos a la situación inicial);
- de la costumbre de levantarnos pasadas las diez los domingos a la tendencia de acostarnos antes de las diez los sábados (y, por tercera vez, con suerte volveremos a la situación inicial).

Los cambios están en el orden del día de nuestra rutina; e intentamos dominarlos con la flexibilidad propia de una cinta elástica. Y estamos tan inmersas en ello, que a veces olvidamos parar a tiempo. Siempre hay algo que hacer, algo que renovar o que reformar. Cambiamos el moisés por la cuna de barandillas o la cama juvenil, antes de montar, dos años después, la cama alzada definitiva. Incluso la talla de la ropa de nuestros hijos se apunta a la tendencia de los cambios sin respiro, de modo que siempre toca retirar algún objeto de la circulación y, en su lugar, hacer una nueva compra.

> **¡Las madres felices consiguen dejarlo todo tal como está en el momento adecuado!**

A veces debemos preguntarnos durante un instante si, por fin, ya está todo bien en su estado actual. Quizá, sin darnos cuenta, hayamos logrado el objetivo con el que soñábamos hace un tiempo. Éste es el momento de sentarse durante media hora o permitirse una pausa de dos meses sin cambios, para disfrutar de todo aquello que hayamos conseguido.

- ¿Por qué ir al entrenamiento de prueba de yudo si tu hija se ha integrado tan bien en el equipo de fútbol?
- ¿Por qué casarse después de quince años de convivencia feliz e intensa o, en lugar de eso, quedar con el tipo que has conocido chateando sólo porque tus hormonas no son capaces de comportarse en un punto intermedio?
- ¿Por qué obsesionarte con cortarte el pelo si tu marido acaba de decirte una vez más lo bien que te sienta la media melena?
- ¿Por qué no dejar que tu hijo juegue tranquilamente en el mueble zapatero en lugar de ofrecerle precisamente ahora un rompecabezas?
- ¿Por qué no dejarte llevar por lo que te depare la tarde en lugar de querer planear cada hora?

El lema «esperar y tomarse un café» tiene efectos sorprendentes sobre los problemas cotidianos. Pruébalo con los resfriados, el mal humor, los accesos de hambre, durante una dieta, los «estados de excepción» premenstruales, los vecinos enfurruñados, la melancolía y el mal tiempo.

Declaraciones de impuestos y otras tareas

«Mira los platos que tengo por fregar y te harás una idea de la palabra *eternidad*...»; así fue como me saludó una amiga la semana pasada. Quizá nos falte vitamina B y paciencia (a quien más quien menos, también un estupendo lavavajillas), pero el trabajo es de aquellas cosas que nunca se acaban. ¿Por qué es así? No cabe duda de que el trabajo forma parte de la vida y de que, a veces, puede ser muy divertido.

Sería fabuloso si cada vez hiciéramos la declaración de impuestos con orgullo eufórico e izáramos, con mejillas sonrosadas de felicidad, las bicicletas a la percha del garaje. Sin embargo, la lista de cosas por hacer es tan larga que a menudo nos sentimos cansadas y agotadas y vamos de un lado para otro sin un respiro. ¿Vale la pena?

De modo que no podemos evitar los tediosos trabajos cotidianos. Sin embargo, está bien empleado aplazar las obligaciones y los planes de limpieza, si surge una oferta mejor.

Una invitación espontánea, el momento perfecto para hacer una barbacoa, una visita sorpresa, el primer día de buen tiempo o una idea de juego con tus hijos no pueden planificarse con tres semanas de antelación. Estas oportunidades aparecen en cuestión de segundos, y esperan pacientemente para ver si las aprovechas o no. Ponte prioridades.

> **Si se les ofrece un trozo de «vida real»,**
> **siempre que pueden, las madres felices no dejan**
> **pasar la ocasión.**

Concéntrate más en la vida misma que en las preparaciones. Juega con tus hijos, en lugar de buscar desaforadamente por toda la ciudad un nuevo juguete. Encuéntrate con gente, en vez de limpiar a fondo las ventanas por si una visita llama inesperadamente a la puerta.

Sólo los astros saben si esta noche tu marido se dará cuenta de que has ordenado la caja de calcetines de los niños. Sin embargo, no le pasará por alto el buen humor reinante después de tu encuentro casual con una antigua conocida.

Este tipo de espontaneidad les resulta especialmente fácil a las mujeres que planifican las cosas con la debida antelación. Estos extraños ejemplares tienen los ojos bien abiertos en agosto por si encuentran algún posible regalo de Navidad. Si reciben una invitación para ir a la piscina, pueden aceptar despreocupadamente, aunque hoy por la tarde quisieran haber ido a comprarle a su suegro una loción para después del afeitado. Estoy segura de que podrás subirte al tren incluso con un poco menos de perfeccionismo.

Vacaciones y otros paraísos

Acabas de hacer la compra de la semana, has ido a Correos y has subido a un niño de cinco meses hasta el tercer piso. Entonces te quejas: «Desde luego, ¡estoy lista para hacer vacaciones!», mientras escuchas en la radio: «Viaja una semana a las Maldivas. Déjate seducir en el espacio "Paraíso insular" de un club de vacaciones de lujo. Come en el restaurante de nuestro chef, de tres estrellas, y descubre la naturaleza virgen con un safari por la jungla...».

En este momento no hay nada que desees más que un asiento en ese avión. Pero no te engañes, no todos los paraísos son aptos automáticamente para familias:

- Tu pediatra te desaconseja hacer viajes largos con un lactante por las altas esferas celestiales.
- Cuando llegues a la nube número siete, tendrás que vigilar constantemente que nadie se caiga por el alboroto que arman los niños.
- En el paraíso deberás estar en alerta continua para que los pequeños no coman de las manzanas prohibidas.

Prácticamente ningún paraíso se presenta sin diarreas, corrientes de aire peligrosas y horas de vuelo inhumanas entre las dos y las cuatro de la madrugada. ¿Esto son vacaciones? A veces nos gastamos una fortuna yendo a sitios mucho más incómodos para las madres que el propio hogar.

Durante todo el año pensamos en esos catorce días de paraíso en la playa, y luego pasamos la primera semana bajo la lluvia y la segunda sobrellevando la picadura de un erizo de mar en el pie de nuestro marido.

Descansa allí donde te sientas bien. Seguro que hay un lugar con poca samba, pero muchos lápices de colores a tu alrededor.

Consejos para un par de días de vacaciones idílicos

- ¿Estás impaciente por vivir aventuras insólitas y cautiva-doras? ¿Tus hijos han dormido de un tirón desde el día en el que nacieron, de modo que, por una vez en tu vida, quie-res sobrepasar el límite de tu capacidad física? En tal caso, lo más indicado para ti serán seis semanas andando por el desierto egipcio. Si sólo quieres descansar, durante los próximos años olvídate de la aventura, los peligros, los de-portes de riesgo y los destinos turísticos que requieran un montón de vacunas.

- Busca un sitio en el que haya tronas fiables y donde el cli-ma y la comida sienten bien a tus hijos, y a ti, en lugar de tener que ir corriendo al médico cada dos por tres. No te fíes demasiado de un lugar con entretenimiento infantil or-ganizado, si no te has encomendado previamente a algún santo protector.

- No lo olvides: sea cual fuere el destino que elijas, tus hijos jugarán. Así pues, evita las serpientes venenosas, los centros de las grandes ciudades y los hoteles con más de cuatro estrellas. Busca entornos preparados para niños en edad de jugar: éste es el requisito más adecuado para que allí puedas encontrar compañeros de juego para tus hijos.

No vueles a una isla paradisíaca sólo porque te lo hayas ganado; mejor ve de vacaciones a una casa rural de ambiente familiar. O aprovecha los días en los que las vacaciones de tu marido coinciden con las tuyas para pasarlos por fin tranquilamente en casa o de compras. Planifica todo aquello que realmente te habría gustado hacer durante el resto del año. Si tu cuerpo te está pidiendo a gritos un café con leche, una tarde de charla sin interrupciones con tu mejor amiga y la película *Cuando Harry encontró a Sally*, invierte los ahorros de las vacaciones en un flamante reproductor de DVD, una cuidadora y un nuevo cargo en la factura del teléfono.

Cómo llegar a ser una ganadora

Un día sin lamentarse

La sociedad parece habernos inculcado que una madre que no se lamenta no es digna de su cargo. Motivos no nos faltan, de eso no cabe duda: ya sea la noche pasada en vela, la nueva guardería, el precio de un impermeable...

Por otro lado, llevamos una vida que es la envidia de muchos: en nuestro hogar siempre hay dulces postres envasados; para nuestros hijos y las tiendas de artículos para el hogar, nos contamos entre las personas más importantes del mundo; sólo necesitamos tres segundos para hacer nuevas amistades en un medio de transporte público... Y aquellos años de solteras, en los que resultaba difícil no aburrirse en las largas y solitarias tardes de domingo, parecen formar parte de una vida pasada.

Entonces, ¿por qué nos lamentamos tanto? ¿Es que así conseguimos que se llene la nevera? ¿Es algo que calme a nuestros hijos? ¿Resuelve aunque sólo sea uno de nuestros problemas?

> La alegría de vivir no tiene absolutamente nada que ver con una realidad objetiva, sino que depende exclusivamente de cómo valoremos lo que ocurre a nuestro alrededor.

¿Esta afirmación te parece demasiado obvia? En tal caso, haz un experimento infalible: intenta evitar durante un día entero cualquier comentario negativo. Te sorprenderás cuando te des cuenta de la cantidad de veces que sale de tu boca una palabra crítica o un pronóstico negativo. Las cosas tienen el valor que les otorgamos. Si hablamos menos de las escasas horas de sueño y del escaso tiempo libre, o de la cantidad de ropa que queda por planchar, les privamos del poder que tienen sobre nosotros.

¿Te has parado a pensar alguna vez que millones de personas en el mundo en algún momento padecen dolor de cabeza, deben asistir a una reunión y pagan comisiones al banco? No es necesario llamar la atención sobre ello, puesto que forma parte de la normalidad. No existe nadie sin preocupaciones cotidianas, pero no todo el mundo les concede un lugar prioritario en sus vidas.

Colón se alimentaba mal, Einstein siempre llegaba tarde y la ex ministra de Asuntos Exteriores de Estados Unidos Madeleine Albright escribió su tesis doctoral rodeada de niños pequeños. Picasso padecía trastornos digestivos y el piloto de fórmula 1 Michael Schumacher no estaba satisfecho con su peinado en su última carrera. Sin embargo, a todas estas personas se las conoce por otros motivos.

Permite que únicamente los asuntos importantes afecten a tu vida:

- Relaja los músculos de la espalda mientras asistes a una manifestación contra la deforestación de la selva tropical.
- En el parque, conversa sobre tus profesiones soñadas.
- Planifica las próximas vacaciones en cualquier aburrida sala de espera.
- Una boda, el fin de semana o la adquisición del nuevo congelador: ¡cualquier excusa es buena para disfrutar de la vida!

La envidia como un indicio positivo

Cuando consigas reincorporarte con más o menos éxito a tu trabajo y confieses a las otras madres tu agotamiento y tus dudas existenciales, tendrás que oírte decir frases como: «Esto de realizarse a costa de los niños no puede ser nada bueno».

Desde que has renunciado a cualquier tipo de puesto importante en favor de la chocolatina de cada tarde, disfrutas con tus hijos de unas sobremesas relajadas. Cuando rechazas la organización de la fiesta de la guardería, tu activa congénere te lo reprocha: «Pero, vamos, ¿qué otra cosa tienes que hacer?», y tu vecina cuchichea: «Es que ella se cree que está por encima de todo esto». Enseñas a tus compañeros tu nueva casa, pero sólo obtienes comentarios maliciosos: «A mí me ha parecido demasiado acicalada».

¿Por qué algunas personas reaccionan de un modo tan despectivo? La respuesta es muy sencilla: ¡es pura envidia! Los ataques de celos pueden resultar muy ofensivos, pero son más soportables una vez hayas aprendido que:

> **La envidia aparece precisamente cuando estamos en el buen camino.**

No es ninguna casualidad que tú pertenezcas al círculo de las madres felices. Has convertido tu bienestar en una prioridad. Lo has decidido conscientemente y has actuado en consecuencia. No es de extrañar, entonces, que las mujeres de talante enérgico como el tuyo constituyan una provocación para todos aquellos que tienen que conformarse con menos, o que achacan su infelicidad a los días grises o a los tiempos difíciles.

Los comentarios ácidos de los demás deberían devolver al buen camino a una apóstata como tú. Si esas personas lograran confundirte para que renunciases al sueño de una vida junto al mar o volvieras a guardar en el armario los vaqueros ajustados en favor de los pantalones de pinzas de siempre, los pesimistas habrían ganado la batalla.

Así pues, en cuanto alguien se entremeta en tus asuntos, acuérdate de tu situación: ¿No acabas de reservar tus próximas vacaciones en Tenerife? ¿No conocen tus hijos las heridas y las infecciones de oído sólo por el cuento *Dónde me duele*? ¿No resulta que la más pequeña ya anda, con sólo once meses? ¿O acaso no puedes renunciar a las inyecciones hormonales, porque basta con una mirada traviesa de tu marido para quedarte embarazada?

¡Envidiable! ¿De qué te sorprendes entonces? Considera la envidia como pura confirmación de una vida llena e interesante. Mientras no te dejes confundir de modo que regreses cabizbaja al círculo de esas mujeres insatisfechas que dedican sus vidas a murmurar, no te puede hacer ningún daño escuchar las críticas y dejar que te resulten indiferentes. ¿Realmente eres un poco demasiado arrogante, egoísta o ambiciosa? Nunca se sabe...

Conviértete en una estrella televisiva

La mayoría de nosotras tenemos una visión muy clara sobre cómo debería ser nuestra vida familiar: no se rompe nada, los suelos están siempre limpios, el coche arranca y antes de celebrar el sexagésimo cumpleaños de nuestra suegra vamos a la peluquería. Y pensamos:

> **La normalidad se da cuando no sucede nada.**

Estamos continuamente en movimiento para conseguir algún día ese estado vital en el que no quede una factura sin pagar y todas las ventanas estén limpias.

Los autores de los guiones televisivos tienen otros ideales. La máxima de cualquier largometraje que se precie es:

> **Lo normal es que algo vaya mal,**
> **y cuanto peor vaya, mejor.**

Precisamente por este motivo, las comedias familiares tienen cuotas de pantalla de millones de espectadores, porque se divulgan los secretos, porque el microondas explota, porque hay que hipotecar la casa y el jefe del marido está en la puerta de casa justo cuando la esposa, en camisón de encaje, intenta atrapar al hámster que se ha escapado y sacarle a su hija el guisante de la nariz.

¡Reflejado en la pantalla todo parece increíblemente tranquilizador! Así pues, imagínate que eres la estrella de una serie televisiva de culto; no importa si te pasas el día inmersa en el papel de Julia Roberts o en el de Jennifer López.

Finge ser una mujer orgullosa y pragmática, segura de sí misma y rebosante de energía. Imagina que estás siendo el centro de atención de millones de espectadores, que te admiran por la suficiencia y jovialidad con que te enfrentas a las pequeñas catástrofes y a los juegos infantiles.

Desde ahora vivirás en una antigua mansión, espléndida pero nunca ordenada. Durante los largos trayectos en coche te colocarás las gafas de sol en la cabeza y cantarás las canciones de la radio. Llevarás dos suéteres de colores, uno sobre el otro, de manera desenfadada y encenderás ochenta y dos velas al tomar un baño. Y si tu hijo vuelve a negarse a lavarse los dientes, lo arrinconarás y le dirás con entonación a lo Bruce Willis: «Amigo, ésta ha sido tu última oportunidad...».

Después, siéntate con tus gruesos calcetines de lana y tu mejor amiga en la mesa de comer desordenada y dedicaos a filosofar junto a un buen vino tinto sobre la especie «hombres».

Algo es seguro: la psique humana parece ser un fan secreto de las grandes comedias televisivas, ya que curiosamente le cuesta resistirse a estas actuaciones. Si finges estar segura de ti misma y disfrutar de la vida, la psique acabará aceptándolo al poco tiempo.

La serie norteamericana *Sexo en Nueva York* había conseguido reunir más espectadores que la llegada del primer hombre a la Luna, y las telenovelas se siguen emitiendo después de miles de capítulos. Si tu nuevo rol te gusta, no hay nada que te impida batir este récord...

Sé única

A la edad de quince años soñaba con un papel como el de la adolescente protagonista de *La Boum* y me encantaba ponerme un suéter de mi novio tejido a mano que me llegaba hasta las rodillas. Pensaba entonces:

> **La felicidad consiste en ser alguien especial.**

Hace dieciocho años de aquello y se está apolillando en el armario (el suéter, no el novio). Además, otras cosas han cambiado. Desde que sé como afecta a mis nervios que el peso de mi hijo varíe ligeramente respecto a las tablas orientativas y veo, además, cómo se ponen en evidencia los personajes del mundo del espectáculo en cuestiones de impuestos y paternidad, pienso:

> **La felicidad consiste en pertenecer a la media.**

Puede resultar agradable pertenecer al común de los mortales: no tendrás problemas para encontrar zapatos de tu medida y el concesionario no se verá obligado a importar las costosas piezas de recambio para tu coche.

Esta solución sólo tiene un inconveniente: nos correspondemos con la mediocridad dorada menos de lo que asumimos. Yo, por ejemplo, tengo cada ojo de un color diferente y mi consumo de chocolates es superior a la media. Uno de mis hijos hace cuatro años que se niega obstinadamente a subir los peldaños de las escaleras según la tabla evolutiva oficial. Y para mí sigue siendo un misterio saber de dónde puedo sacar la energía necesaria para esos dos días de sexo a la semana que pregonan las estadísticas. Visto de este modo, admito que:

> **Puede resultar estresante querer pertenecer a la media.**

Quizá te falte la motivación para equilibrar constantemente tu nivel de hormonas, los hábitos de comida y el ritmo de sueño de un niño de un año con la media poblacional.

En tal caso, suscribe la conclusión de las madres felices:

> **Ser única puede resultar cómodo.**

Mantente fiel a tu estilo de vida individual. Como mujer considerada excéntrica en tu entorno cotidiano, no tienes que justificarte constantemente y puedes hacer lo que te apetezca:

- Resplandece por el buen humor que irradias en lugar de por el brillo de tu vajilla cuando llamen a la puerta antiguos conocidos sin aviso previo.
- Lleva tu chaqueta deportiva preferida del instituto en público hasta que vuelva a estar de moda.
- Encarga una pizza en Nochebuena y escribe tus felicitaciones de Navidad durante las vacaciones de verano.
- Permite que tu hijo tenga una rabieta porque no le compras ningún dulce en la tienda y alégrate de su vitalidad, en lugar de dejarte incomodar por las miradas de la cajera.

Sobrepasa tu límite de valor

Como madres, necesitamos resistencia y fundas de sofá lavables, pero ¿también necesitamos valor? ¿Alguna vez te ha mordido la tostadora? ¿Cuándo fue la última vez que la guardería de los niños fue objeto de un robo? En general, la vida dentro de la familia se considera inofensiva.

¡No te engañes! La mayoría de nosotras ejercemos clandestinamente como mínimo alguna de estas ocupaciones secundarias:

Como **artista de la cuerda floja,** asumes todo el riesgo derivado del intento de lograr un equilibrio entre tus papeles como madre, amante y asesora fiscal.

Como **luchadora de la jungla,** te abres camino entre la maleza impenetrable de los atlas, las piezas del rompecabezas y los dibujos infantiles.

Como **especuladora de bolsa,** ni el temor a la pobreza durante la vejez ni el coste de la vida te impiden tener un tercer hijo.

Como **encargada de valija de seguridad,** demuestras valor y nervios de acero para llevar cada mañana tu valiosa carga en el remolque de la bicicleta sumergida en el tráfico sin que aquélla sufra daños.

Las madres felices no son especialmente más valientes o miedosas que otras mujeres. Pero, en todo lo que hacen, las guía el lema:

> **Palpitaciones más una.**

Esto significa que no se detienen cuando han alcanzado su límite de valor, sino que siempre van un paso más allá, por pequeño que sea:

- Le preguntan a la simpática madre que está en el parque si le apetecería encontrarse algún día para tomar algo.
- Se informan sobre ese puesto como diseñadora gráfica, aunque no tienen ni la más remota idea de cómo organizarían, en caso de conseguirlo, la asistencia infantil.
- Censuran abiertamente la dureza con que otros padres critican a los maestros, aunque ello les haga perder la simpatía de algunos.
- Piden que les envíen las condiciones de aceptación de la escuela superior de música.

Si siempre haces sólo aquello a lo que te atreves, las cosas seguirán como están. (Sin duda alguna, debe de ser positivo, siempre que ahora mismo tengas una copa de champán entre las manos y estés en la bañera con tu marido celebrando el éxito de tu primera exposición fotográfica. En tal caso, puedes saltarte este capítulo.)

Sin embargo, si esperas de los próximos años algo más que la devolución de impuestos y la celebración de Navidad con los pequeños, no dudes en sobrepasar tu límite de valor. El lema «palpitaciones más una» romperá tu monotonía, te premiará con interesantes contactos y te permitirá disfrutar de cosas con las que nunca habrías contado.

Entre madres

No hay que dejar a las madres en la estacada

Hace poco tuve ocasión de hojear en casa de una amiga un libro con el título *En forma después del parto*; en él se mostraba la foto de una mujer con talla de pantalones 36 corriendo por el parque mientras paseaba a su bebé de tan sólo dos semanas con el cochecito. El pie de foto rezaba: «Ya en el puerperio, la mujer puede empezar con una ligera actividad deportiva». Por suerte, el resto de las madres tenemos claro que, tras el parto, el perineo puede haber perdido tono muscular y que esa relajación afecte al control de la vejiga, de modo que, al cabo de una carrera de cien metros, la joven de la foto se encontraría en una bochornosa situación que intentaría superar sacando al bebé del cochecito para provocar miradas de indulgencia.

Me apostaría el café con leche de media tarde a que la decisión de colocar esa foto la tomó un hombre en el despacho de una editorial, ¿no te parece? Una mujer con sus propios recuerdos del puerperio no sería tan ignorante, puesto que las madres están muy bien informadas sobre los problemas de sus congéneres.

Para las madres felices eso significa que:

> **Nosotras, las madres, debemos mantenernos unidas, en lugar de complicarnos la vida mutuamente.**

Todas las madres, por diferentes que sean, se benefician de una porción de solidaridad. Ser solidaria significa que:

- las trabajadoras de la construcción no nos pongan piedras en el camino;
- las deportistas tiren de la misma cuerda con las demás madres;
- las fisioterapeutas no dejen en la estacada a madres atormentadas por las mochilas portabebés;
- las diseñadoras de moda tengan en cuenta las proporciones reales de las mujeres a la hora de crear sus colecciones.

Aunque estés criando a tus hijos sin ser famosa o deportista, las madres se pueden ayudar mutuamente:

- Coloca un pastel de nata sobre la mesa cuando venga a visitarte aquella amiga cuyo hijo padece intolerancia a la lactosa.
- Simula ocasionalmente sordera, pérdida de memoria o una momentánea miopía cuando otras madres se enfrenten en público a los arrebatos de sus hijos.
- Si sospechas que podrías tener rubeola o varicela, evita visitar a aquellos padres que en un par de semanas parten para un viaje idílico.
- Regala una sonrisa cuando te cruces con mujeres que llevan un paquete de pañales en el carrito de la compra o que tienen restos de papilla en el hombro izquierdo.

Si todas las madres —que en el fondo deberían compartir los mismos intereses— dejasen de ponerse más difícil aún el equilibrio necesario entre familia, trabajo y una hora de siesta, se respiraría una atmósfera tan agradable como en las casas de mobiliario rústico.

Huye de Doña Perfecta

A pesar de lo dicho antes, los anuncios televisivos nos quieren hacer creer que la experiencia conjunta de una parte del perineo de difícil recuperación y los precios continuamente al alza de zapatos infantiles convierten de inmediato a todas las madres en camaradas inseparables. Pero en este punto mienten descaradamente, tanto los anuncios de caramelos como los de chocolatinas.

Simplemente, no es cierto que entre las madres reine de modo espontáneo la armonía. Para ser sincera, incluso existen ejemplares realmente estresantes. Probablemente nuestro grupo social incluya tantos optimistas, envidiosos, alérgicos o fans del fútbol como el resto de la población.

Las madres felices han llegado a sus propias conclusiones y tienen presente que no pueden ni deben entenderse igual de bien con toda clase de mujeres.

En la conversación con amigas, siempre sale a relucir un espécimen particular que te puede estropear el día más que un eje roto del cochecito. Llamamos a este tipo de supermujer «Doña Perfecta».

¿Conoces a Doña Perfecta? Puede alterarse tanto por el olor desagradable del impermeable de los niños como otros lo harían ante un escándalo ecológico de medio alcance. Los conceptos «higiene» y «promoción de la primera infancia» son términos mágicos para ella. Una Doña Perfecta anuncia con el pecho hinchado: «Nuestra pequeña es única. Desde que nació no come otra cosa que pastel de chocolate», para quejarse, en la frase siguiente, de que la pobre padece problemas de digestión y dermatitis. A las mujeres de esta especie les gusta decir sobre sus hijos: «Los niños son diferentes en estas cosas», y sobre sus hijas: «Está en esa edad en la que sólo dice tonterías».

Hablan sin parar. Hacen una montaña de todo: limpian mucho y continuamente tienen que ir a citas con sus hijos. Tienen diez rompecabezas, dos clubes deportivos y reunión con sus compañeras de juego seis veces a la semana. Las madres como Doña Perfecta han leído exhaustivamente sobre educación infantil y siempre les queda algo por comprar. Su vida es muy aje-

treada y tienen tantas cosas en la cabeza que no se paran a pensar cómo están las demás personas de su entorno.

¿Te resulta familiar este tipo de mujer? En tal caso, el título de este capítulo debería estar claro: ¡Huye de Doña Perfecta!

No olvides que la decisión está en tus manos: ¿quieres pasar los años más bonitos —y también más estresantes— de tu vida en compañía de atareadas mujeres que no paran de quejarse y que están encantadas de haberse conocido?

Tu puesto de trabajo actual tiene algunas desventajas como, por ejemplo, los turnos de noche. Sin embargo, la ventaja es que puedes elegir en compañía de quién haces tu trabajo de ochenta horas entre parques, salas de estar y cumpleaños de los niños.

Las madres felices son conscientes de que no están obligadas a tener más relación de la imprescindible con Doña Perfecta. Y tú objetarás: «Pero vive en el mismo bloque que nosotros, y nuestros hijos van al mismo club deportivo que los suyos...». De acuerdo, pero no por eso tienes que compartir su misma iniciativa materna, ni mucho menos las vacaciones de verano.

Te mereces un par de madres simpáticas que te den apoyo. Busca a mujeres que sepan lo que realmente importa en la vida, en lugar de interrogarse todos los días si esa mochila nueva que salió tan cara combina o no con el uniforme del colegio.

Desgraciadamente, no puede forzarse el conocer a mujeres interesantes. En la mayoría de los casos, es simplemente cuestión de suerte: estar en el lugar adecuado en el momento preciso. Pero, si te dejas atrapar y pasas tres tardes a la semana en el diván de Doña Perfecta, sólo para que tenga público en sus representaciones magistrales, seguro que te cierras cualquier posibilidad de hacer nuevas amistades.

Resérvale un sitio a tu madre

Como madres, son muchas las personas con quienes nos gusta mantener el contacto: la madre de Ana de la guardería, la empresa de pizzas a domicilio y el servicio de urgencias infantiles. Pero, por amplio que pueda ser tu círculo de amistades, siempre deberías reservarle un sitio a tu madre. Sin importar el papel que haya desempeñado hasta ahora, tras el nacimiento de tu hijo estará muy presente en tu vida:

- Ya antes, esperó con ojos hinchados delante de la sala de partos.
- Cree (con razón) ser insustituible como cuidadora.
- Se pierde en sus recuerdos cuando bebes leche caliente con miel o cantas nanas a tus hijos.
- Al cabo de cuatro años en los que no has dormido nunca más de cinco horas seguidas, te mira desde el otro lado del espejo del baño.

¿Qué mujer es ésta que ha tenido un lugar tan importante en nuestra vida?

Tu otra media naranja
Cocina, lava y plancha para ti y te acompaña a la reunión de padres. La llamas siempre que amamantas a tu bebé para saber qué pecho toca esa vez. Además, le has puesto su nombre a tu hijo, aunque sea niño. Para ti es impensable pelearte con esta mujer; para tu marido, no.

La controladora
Cuando te visita, te saltas sin miedo el capítulo sobre la mala conciencia. Tu madre honra a los filósofos moralistas más importantes del mundo. No pasa un día sin su agridulce observación de que en la familia nadie hasta ahora había fumado, los ni-

ños no comían chocolate para merendar y las vacaciones no se pasaban en un apartamento junto a la playa.

La nómada

Cuando tu amiga deja los miércoles a los pequeños con la abuela para ir a la sauna, la miras con envidia. Tu propia madre está ilocalizable, porque vive en los antípodas, en las montañas o en una comuna hippy. Esta mujer te trajo al mundo y te llevaba cada día al colegio, pero no muestra ningún tipo de interés por tu realización artística en un viaje iniciático o por tu segundo marido, más joven que tú.

La cándidata al *reality show*

Nunca se te habría ocurrido ir a uno de esos horribles *reality shows* de la sobremesa, pero, desde que tienes hijos, te domina el anhelo no resuelto por la oficina del censo de encontrar a tu querida madre. Para el primer encuentro con tu madre, una joven en prácticas te maquilla profesionalmente y tú haces tu primera aparición en el mundo televisivo.

La mujer que es tu madre, sea del tipo que sea, se presenta de vez en cuando sin avisar y nos pide valor y fuerza de carácter, en lugar de darse por satisfecha con una taza de café. Tendrás que quitarte la careta: para ti, ¿tu madre es un modelo de conducta o un buen motivo para hacerlo mejor? ¿Qué valores y rituales quieres imitar? ¿Cómo valoras tu infancia desde que tú misma eres madre? Y, no menos importante, ¿qué pensarán tus hijos de ti como madre cuando sean mayores?

No lleves la cuenta; mejor da las gracias

Mi amiga Mónica tenía un excelente trabajo como asesora económica antes de quedarse embarazada el año pasado. El nacimiento de su bebé fue cualquier cosa menos fácil, y no me sorprende. Para alguien que está tan orientado a los logros como ella, debió de ser una experiencia traumática invertir una cantidad tan inmensa de fuerza en seis horas de parto para que después la comadrona le dijera que el cuello del útero todavía no llegaba ni a los dos centímetros de dilatación.

Desde este punto de vista, las mujeres menos dotadas para las matemáticas, como yo, estamos diseñadas para criar niños. Estamos hechas para este mundo, en el que la lógica y la previsibilidad se pueden olvidar tranquilamente. Dar y recibir casi nunca están equilibrados en nuestra vida cotidiana:

- Tu mejor amiga te presta ropa para bebés muy cara. Un año después, le devuelves una caja con ropa vieja manchada de espinacas y gastada de tanto lavarla.
- Tus vecinos convierten la escalera en un lugar habitable, que friegan una vez por semana. Tú contribuyes sobre todo dejando palas para jugar en la arena, restos de bizcocho y el sistema de megafonía a todo volumen de un niño exhausto.
- Tu amiga soltera no se cansa de invitarte a sus fiestas y cócteles. Vuelves a rechazar una invitación en el último momento con la vaga excusa de que estás demasiado cansada.

Por más agradecida que estés por todos los servicios de cuidadora, consejos y suéteres prestados que recibes a diario, a menudo te faltan tiempo y energía para «tomarte la revancha» adecuadamente con un favor. Tú crees que es un problema, pero la mayoría de las personas son más comprensivas de lo que te imaginas. Teniendo en cuenta que durante tu día a día con un recién nacido y su hermana celosa no puedes ni siquiera ir sola al lavabo, tus conocidos comprenderán que este año envíes felicitaciones navideñas por email en lugar de llamarlos por teléfono.

Facilítate las cosas y haz lo que yo estoy haciendo desde los exámenes de matemáticas de octavo: ¡no lleves la cuenta!; mejor da las gracias. Simplemente; de corazón; en el acto. Y todo estará bien. Ya volverán los tiempos en los que expresar nuestro cariño con felicitaciones escritas a mano y menús suculentos.

Inevitable: llevar la casa

Asigna un sitio a cada cosa

Desde que eres madre, entran cosas en casa cuya existencia antes desconocías: catálogos de puericultura, almohadones de maternidad, termómetros para la bañera y pequeños radiocasetes en forma de osito que supuestamente deben imitar el latido del corazón de la madre para tu bebé llorón.

Pero ¿dónde metes todas estas cosas? ¿Y cómo las encuentras rápida y fácilmente en caso de necesidad? Una madre que encuentra casi siempre las cosas es también una madre feliz. Así pues, asígnales un sitio. Cualquier objeto de tu hogar necesita una dirección postal fija que, ante todo, sea lógica.

A veces resulta fácil. Los zapatos deben ir en el zapatero, el gel de ducha en la ducha y el gel de ducha de más en la estantería de las provisiones. Pero ¿dónde pones los moldes de la mágica plastilina? ¿Dónde dejas el tapón de recambio para las botellas de los niños? ¿Qué sucede con las ventosas del sacaleches?

Sé ingeniosa

Mucho de lo que necesitas para tu día a día puedes encontrarlo en el supermercado; el resto, en caso de urgencia, tendrás que ingeniártelo. Sólo porque no exista ninguna bolsa para chupetes que se pueda fijar a la cama de barandillas de tu hijo, no significa que no necesites una. Algunas de nosotras confiamos ciegamente en las firmes ruedas de la mesa de la cocina, otras en el compartimento secreto de la capota del cochecito, en una carpeta para las más bonitas fotos de la guardería o, en fin, en un sujetavasos para el asiento del coche.

Tapiza, ata, coloca los botes y los cajones a tu alcance. Inventa ganchos, carpetas y todo tipo de precauciones que te parezcan prácticas.

Busca un sitio lógico

No tiene lógica que la picadora de hielo de aquella nostálgica época de fiestas ocupe espacio sobre el mármol de la cocina y que, por su culpa, tengas que agacharte para llegar a las tetinas de cada biberón de leche que preparas.

No temas poner etiquetas

Son muchas las cosas que administrar en un hogar normal habitado por entre tres y diez personas. Y requiere su tiempo acostumbrarse a que la estantería inferior del armario del dormitorio ahora esté reservada sólo para ropa de invierno separada. Si distribuyes generosamente etiquetas con nombres como «ropa de invierno separada» o «números de teléfono importantes», también encontrarán las cosas tanto tu compañero como la cuidadora.

No seas inflexible

Por orgullosa que puedas estar de haber cosido para tu hijo una bolsa de viaje donde guardar su mantita, tendrás que adaptarte a las circunstancias cuando se disponga a guardar en ella la documentación para el examen de conducir.

Aprovechando la ocasión, se me ocurre que podríamos ya destinar a otros usos la caja de plástico que pusimos en la estantería de la habitación de los niños, fuera de su alcance. Desde hace un año, estaba reservada para piezas pequeñas y juguetes que un niño podría acabar tragándose. Pero nuestro pequeño ha crecido y los tiempos han cambiado. Ahora podemos prever en qué momento podremos volver a colocar la picadora de hielo sobre el mármol de la cocina. Desde que volvemos a dormir de un tirón, acariciamos la idea de invitar de nuevo a un par de amigos. Entonces sería absurdo tener que buscar en el último rincón del armario de la cocina el aparato adecuado, ¿no te parece?

Ordena el mueble del pasillo

Podrás pensar lo que quieras sobre la distribución del espacio según el feng shui, pero si le explicas a una madre joven que en todas las habitaciones debería haber un *Min Tang*, un lugar de vacío visible, en el que no tiene que haber nada, seguro que estará totalmente de acuerdo contigo.

Sin embargo, justo ahora que a tu bebé le están saliendo los dientes, quizá te parezca excesivo pintar de un rojo estimulante el lavabo de invitados o evitar que la energía positiva se disipe por la ventana de la cocina. En tal caso, limítate a lo esencial:

Elimina los objetos en desuso acumulados en el mueble del pasillo.

En algunas casas puede tratarse de una cómoda, una mesita para el teléfono o una estantería; en todo caso, me refiero al primer mueble que ves al entrar en la vivienda. Constituye el punto de contacto esencial entre tu rutina familiar y el mundo «de ahí fuera».

Normalmente, este mueble, con todos sus compartimentos y cajones, es el hábitat natural de las facturas sin pagar, las llaves de bicicleta olvidadas, las notas de recordatorio y los prospectos descoloridos de las empresas de pizzas a domicilio.

¿No te parece que se trata de un espacio desaprovechado? En tu casa, como en el teatro, existen los asientos de platea y los asientos de pie detrás de las columnas. Los muebles del pasillo son un costoso lugar para acumular polvo. ¿Acaso son tan importantes las pilas viejas y los cordones de repuesto como para merecer semejante lugar de honor en nuestra casa?

Cuando hayas ordenado los cajones y los estantes, quedará espacio para aquello que necesitas diariamente como gerente de tu exitosa empresa familiar: calendario, llaves, bolígrafo y listín telefónico, por ejemplo. En la superficie sólo debería verse un único objeto que asocies con algo positivo, quizás una figura o un ramo de flores.

De este modo, cuando entres en casa, verás un sitio donde el mundo está en orden, aunque acabes de «enriquecerlo» con una multa exorbitante y un incómodo encuentro, por causa de tu tardanza, con la responsable de la guardería.

Coloca un colchón en la habitación de los niños

Hace un par de meses me encontré a Regina en el autobús, una conocida de tiempo que ha hecho carrera en un importante banco. «¿Y tú qué has hecho en los últimos años?», me preguntó, después de haberme hablado sobre seguros de vida y horas extra.

«Bueno, sabes», le contesté con ojos brillantes, «tengo la impresión de que en los últimos años prácticamente no me he bajado del colchón. Una época increíble...» En ese momento tuve asegurada la atención de los demás pasajeros del autobús, de modo que no pude contenerme y grité para que todos me oyeran: «¡Aquellos de nosotros que se colocan un colchón en la habitación de los niños saben de qué estoy hablando!».

Y es que, allí, un colchón de lo más anodino se transforma de manera inesperada:

Cláusula de las guardias nocturnas

Las afecciones estomacales e intestinales y el cocodrilo que se esconde debajo de la cama, en tiempos de best-sellers del tipo *Todos los niños pueden aprender a dormir*, nos llevan con más frecuencia de la deseable a pasar parte de la noche en la habitación de nuestros hijos. Por lo tanto, un colchón de más evitará que se te enfríen los pies.

Oasis de bienestar

Para disgusto de sus padres, los pequeños de la casa pierden demasiado rápido la costumbre de hacer la siesta. A veces, resulta sumamente difícil; por ejemplo, cuando está a punto de llegar el próximo hermanito y durante los primeros meses del embarazo, en que el agotamiento es permanente. En esos momentos daríamos cualquier cosa a cambio de poder cerrar los ojos durante unos minutos. Puedes echar una cabezada en el colchón de la habitación de los niños mientras tus hijos peinan tus rizos con el cepillo del perro o te pintan las uñas de los pies con rotuladores. El recordatorio de nuestro cuerpo: «lo importante es dormir» puede ser de lo más contundente.

Campo de deportes

Un colchón se presta a que los niños de cualquier edad hagan piruetas: tu hija de siete años intenta hacer la vertical, mientras su hermano de diez meses intenta, algo torpemente, subir el escalón acolchado. Puede, además, esa pieza blanda hacer las veces de cueva, trampolín o tobogán.

Los «niños domacolchones» son aquellos que, con el tiempo, acaban llevando a casa los certificados de honor de la fiesta deportiva del colegio, sobreviven a los patines sobre hielo sin distensiones en los ligamentos y, ya adultos, impresionan a su primer gran amor saltando majestuosamente desde el techo del garaje.

Central del comando

No importa si estás hablando por teléfono, bebiendo café o mediando en una discusión; desde tu colchón diriges la empresa familiar y, cuando montas construcciones con Lego o haces rompecabezas, tienes a tus hijos a la altura de los ojos. Tus rodillas y tus discos intervertebrales te lo agradecerán. El cuerpo de un niño de cuatro años es mucho más resistente que el de sus padres. Durante los primeros años de maternidad, el punto vital central de una madre se sitúa en el suelo. Y conviene acomodar bien un lugar donde pasamos tanto rato. Probablemente pases el doble de tiempo en estos dos metros cuadrados que en el gimnasio (para el que, sin embargo, habías pagado la cuota anual con firmes propósitos).

Durante el trayecto en autobús antes mencionado mantuve una larga conversación con Regina. Próximamente, quiere visitarme un fin de semana. ¿Dónde crees que va a dormir?

Prepara la mochila la noche anterior

Tienes hora con el pediatra a las 9.15 para la visita rutinaria. ¡No hay problema! Levantarse a las 6.30, dar de mamar y cambiar pañales, mediar de nuevo en una discusión y limpiar los dientes de los pequeños. Finalmente, tus hijos están listos y, mientras esperan, corretean pasillo arriba y abajo. Ahora sólo tienes que echar las llaves, el dinero y lo imprescindible en la bolsa de los pañales, y salir sin tiempo que perder.

«Lo imprescindible» pesa sus buenos cinco kilos y cabe justito en la gastada mochila roja impermeable, puesto que no puedes salir de casa sin las galletas, las bebidas, los pañales, los pantalones de recambio, los protectores mamarios, el chupete de recambio, los gorros, el móvil, el jarabe para la tos de la más pequeña, el peluche del mediano y, en función de la agenda del día, documentos para el pediatra o un regalo de cumpleaños.

A algunos intrépidos aventureros de la supervivencia les puede resultar fácil cruzar el país a pie llevando puesto tan sólo un bañador, pero, tratándose de madres, rigen otras condiciones. Por lo que sé, los aventureros pueden dormir sin chupete y acerca de los terribles ataques de sed de una madre que está dando el pecho tienen conocimiento, como máximo, a través de los cuentos en torno al fuego del campamento de supervivencia.

Por lo tanto, la mochila es indispensable; que su contenido sea el preciso o que los guantes de recambio se hayan quedado encima de la mesa de la cocina pueden llegar a determinar el transcurso de todo un día.

Pero, no importa cuánto me esfuerce por la mañana en acordarme de todo, siempre olvido algo. Es fácil de entender. Nadie que sea normal puede concentrarse con el bullicio de un hormiguero y con el nivel de ruido de un Boeing 747 al despegar.

Sin embargo, no tienes por qué hacer la mochila durante el ajetreo de la mañana. Es mejor que sacrifiques cinco minutos de tus escasas y sagradas horas libres nocturnas, mientras los niños duermen, y prepares la mochila la noche anterior. Después, escóndela en el congelador o cuélgala a una altura de seguridad en el perchero, de modo que tu inquieta hija no pueda deshacerla a la mañana siguiente, mientras tú buscas en el último minuto los zapatos de las gemelas.

Si la mochila ya está a punto, hoy no te puede pasar gran cosa más. Incluso aunque tropezaras con uno de esos aventureros, estarías bien equipada. Podrás curarle las maltrechas plantas de los pies con tu pomada mágica buena para todo y animarlo a recorrer el último kilómetro con una suculenta galleta.

Practica con tu compañero el juego de los diez minutos

Si mi pareja y yo nos hubiéramos casado, quién sabe si ya estaríamos divorciados de no ser por el juego de los diez minutos. Desde que tenemos hijos, la felicidad de nuestra vida en pareja se basa en buena parte en él. El juego de los diez minutos no es una práctica sexual ni algo así como un juego de sociedad con fines terapéuticos.

Nada de eso; consiste tan sólo en ordenar rápidamente la casa una vez los niños se hayan acostado. Se trata de eliminar juntos las peores huellas tras un día completo y ello de manera rápida, eficaz y concreta.

Imagínate que estás en un capítulo de un concurso como los de antes, y que el presentador anuncia con entusiasmo el objetivo de la siguiente prueba: «Elimina las huellas más visibles de este día. ¿Qué cosas captan primero tus ojos?». Si quieres sumar puntos a tu cómputo personal de juego, lo mejor es que ordenes la mesa de la cocina y que cuelgues en el perchero las chaquetas de los niños esparcidas por toda la casa, en vez de limpiar el último rincón del armario de las conservas.

Pon el temporizador de la cocina en diez minutos y haz lo que puedas. No hables con tu marido, no comas y no te escabullas al lavabo. Será la última vez durante el día en que tengas que darte prisa, porque todo lo que no esté terminado al cabo de este intervalo de tiempo deberá esperar hasta mañana, sin excepción. A partir de ahora, tu merecida noche libre tiene prioridad. Te sorprenderás de cuánto más cómoda resulta tu casa después de este breve ejercicio. ¡Y sin incursiones solitarias! El apreciable intervalo de diez minutos también puedes requerirlo de tu fatigado compañero, a quien precisamente no le entusiasma pensar en las tareas domésticas.

El juego de los diez minutos: versión infantil

A partir de una edad sorprendentemente temprana también puedes empezar a ordenar la habitación de juegos en compañía de tus hijos para que, en tu camino de coronación hacia una vida como madre feliz, no tropieces con la regadera amarilla o la grúa de Playmobil.

En este caso, es posible que no basten diez minutos. En su lugar, juega a «parar de ordenar» para motivar a tus hijos: en cuanto todos los implicados estén ordenando laboriosamente, di «¡Alto!» y convertíos entonces en una estatua de sal. Al grito de «¡Adelante!», la cosa volverá a ponerse en movimiento y le tocará a uno de los niños vocear el «¡Alto!». Te sugiero que añadas la norma de que el siguiente «¡Alto!» no se pueda decir hasta que el niño en cuestión haya acabado de ordenar lo que tenía entre manos: rompecabezas, Lego, libros...

Si esta variante resulta aburrida, aprovéchate de que, más o menos a partir de los cuatro años, se apodera de los niños la fiebre de la competencia, de modo que «ser el primero» ya es un juego por sí solo. Tú dices, por ejemplo: «¿Quién va a ser el que ordene la última pieza de la maqueta del tren?». Puede parecer tonto, pero este truco consigue que, de una vez por todas, los pequeños se den prisa en ordenar toda clase de cosas de este tipo para ser los ganadores.

Es importante que no te olvides de participar en el juego y exponer, de modo muy convincente, que casi no puede haber mayor alegría en el mundo que encontrar el último rotulador o guardar la última pieza de Lego en la caja.

Sé flexible con la cuestión de la alimentación

Es sorprendente que el tema «cómo alimentar a una familia» todavía no se haya recogido en la *Gran Enciclopedia de la Salud para todas las edades*. Prácticamente ningún otro asunto condiciona nuestro modo de vida con tantas preocupaciones como el control del colesterol o la necesidad de vitaminas.

Probablemente no pertenezcas al tipo de mujeres a quienes hace falta recordar lo importante que es una dieta sana para ellas y su familia. Las madres bien informadas saben que las verduras son buenas y que la Coca-Cola es mala para los niños de tres años. Y, a pesar de ello, en algún momento acabaremos rindiéndonos e introduciendo en el horno la pizza preparada, mientras mujeres expertas nos aleccionan en el programa de la sobremesa: «La alimentación sana es algo muy sencillo. Bebe mucha agua y simplemente entre horas come manzanas».

¿De qué nos sirven los consejos de mujeres con tiempo suficiente para producir su propia serie televisiva de consejos para la salud? ¡Absolutamente de nada! Nosotras estamos cansadas, estresadas y tenemos antojo de helado de chocolate, porque, al fin y al cabo, es una forma de desenfreno pecaminoso en la que no hay que recurrir a alguien que, mientras tanto, cuide de nuestros niños.

Llamemos a las cosas por su nombre y reconozcamos que una alimentación excepcionalmente sensata es imposible para las madres jóvenes, mientras...

- en las tiendas de productos biológicos haya que pagar un dineral por dos tristes pepinos;
- junto con tu marido, un periquito y dos niños pequeños, también pertenezca a la familia un adversario interior que cada noche nos tiente en el diván con una bolsa de patatas fritas;
- aparentemente, todos los demás niños sean consumidores habituales de McDonald's y lleven palitos salados como comida principal a la guardería, y sólo el tuyo sea la excepción;
- con un niño sobre la cadera izquierda y sólo tres horas de sueño a cuestas, sea más fácil abrir una lata de raviolis que calentar una hamburguesa vegetal con brotes de soja.

Por este motivo, las madres felices organizan el plan de menús en tres pasos:

1. ¡Intenta una alimentación sana!

Si no lo consigues, porque el camino hasta la tienda biológica del centro de la ciudad te sobrepasa con tus trillizos recién nacidos:

2. ¡Siempre que puedas, intenta una alimentación sana!

Si no lo consigues porque hoy has estado tan solicitada como la bomba de agua de la lavadora y has abandonado tus buenas intenciones de buena mañana, ya en la pausa del café:

3. ¡No des tanta importancia al asunto!

Las madres felices no quieren desalentar a nadie de comer sano. Estas mujeres sólo te recomiendan: si ahora mismo te faltan energía y fuerza de voluntad para analizar tres veces al día la cantidad de fibra de tus comidas, no invadas además el sistema inmunitario pobre en azúcar y harina de tu hijo con reproches y dudas existenciales.

La comida es importante y, algunos días, es lo más sensual que se le puede ofrecer a una joven madre entre la lavadora de ropa en color y las facturas telefónicas, pero no es, ni mucho menos, la única cuestión de que ocuparse. El amor, la estabilidad económica o la planificación de la fiesta en el jardín también requieren nuestra atención a diario.

Participa en el maratón de los transportes

Cuando aún no tenía hijos, mi vida transcurría entre el escritorio, el pabellón de voleibol, la cocina del apartamento compartido con mi amiga y, durante un par de meses, también entre los brazos de su dulce vecino. Me ponía en camino, más o menos puntualmente, para llegar a aquellos sitios donde «se cocía la vida de verdad».

Desde que mis hijas me acompañan continuamente en mis pensamientos y en sus sillitas, algunas cosas han cambiado un poco. Los caminos ya no son los trayectos de A a B, sino el verdadero contenido de la vida. Esto se debe, por un lado, a que ahora son muchos los caminos: al trabajo, la guardería, el parque, a la consulta del pediatra, de la cuidadora, a la compra, a la escuela de música...

Además, los caminos duran mucho más cuando vas acompañada de dos niñas que quieren asomarse en todos los muros, que se tiran al suelo llorando y a quienes todo, absolutamente todo, les parece interesante, cosa que las distrae de seguir avanzando. Mi amiga Ana suele decir: «Enséñame cómo llevas a tus hijos al curso de natación y te diré quién eres».

No puedo estar totalmente de acuerdo con ella, porque, sin ir más lejos, no llevo a mis hijos al curso de natación. ¿Soy por ello de menor categoría? Sin embargo, mi amiga está en lo cierto cuando dice que hacen falta algunas cosas para el indispensable maratón de los transportes de una madre:

Entrenamiento mental para la competición

Sé consciente de que «tener que ir a algún sitio» constituye una exigente tarea pedagógica de alto nivel. Al principio, no descartes llegar al pediatra sin percances o que la escapada al supermercado para comprar un litro de leche sea casi clandestina.

Intenta ver el mundo a través de los ojos de tus hijos. Entonces entenderás que a tu hijo le resulta prácticamente imposible ir en bicicleta hasta casa sin hacer paradas intermedias; máxime si aún está aprendiendo a mantener el equilibrio a pesar de que acaba de descubrir un chupa-chups caído en el bordillo o sólo le preocupe la pelea reciente con una amiguita.

Equipamiento para un entrenamiento de alta calidad

Valora los buenos utensilios. ¿Tienes prácticos bolsos donde llevar panecillos para saciar el hambre después de la visita a la piscina? ¿O cada día te enervas intentando abrir el candado de la bicicleta? Un cómodo diván en la sala de estar puede parecerte básico, pero unos buenos zapatos y una chaqueta cómoda con muchos bolsillos te proporcionarán más alegrías.

Sé siempre tan flexible como puedas en el momento de elegir el medio de transporte. Es un verdadero lujo poder decidir, en función del tiempo y el estado de ánimo, entre remolque para la bicicleta, bono de autobús o un largo paseo.

El ideal olímpico: ¡llegar lo es todo!

En ningún caso intentes ahorrar tiempo: eso sólo provocaría episodios momentáneos de pérdida de tiempo. Es mejor que consideres directamente la posibilidad de que quizá llegues tarde, tanto en el camino *con* el niño como en el camino *hacia* el niño. Menciónale con antelación a la maestra, y también a tus hijos, la posibilidad de que, algún día, no llegues puntual a recogerlos.

Organízate las muchas horas que cada día pasas haciendo trayectos, en lugar de sublevarte contra ellas. Aprovecha este tiempo para cantar, jugar, contar cosas o para echar una carrera hasta el portal siguiente.

La ceremonia de entrega de los premios

En lugar de sentirte molesta porque ves más a menudo a tu hijo en el asiento posterior del coche que en pijama, deberías estar orgullosa de su éxito. Al fin y al cabo, él ha conseguido de manera natural aquello que tú llevas esperando desde hace años: ¡a él lo transportan!

La familia, una profesión sacrificada: primeros auxilios en tiempos difíciles

Déjate ayudar

¿Te resultan familiares las escenas de las películas americanas en que la señora de la casa prepara un aperitivo del tamaño de un campo de fútbol y, cuando un invitado le entrega un pastel como cortesía al saludarla, replica fingiendo escandalizarse: «¡No tendrías que haberte molestado!…»?

En nuestra cultura parece que dejarse ayudar siempre tiene el regusto agrio de una derrota. Algo tan poco atractivo no lo hacemos hasta que no nos podemos tener en pie después de ataques sucesivos de migraña, un choque frontal o la segunda noche en vela. Y, cuando podemos volver a suspirar, enviamos todos los equipos de rescate al completo de vuelta a casa y lo hacemos todo solas, como siempre.

Es comprensible que no queramos ser una carga para los demás, pero los estudios demuestran que queremos más a las personas a quienes hemos podido hacer un favor. Sorprendente, ¿no?

Así pues, déjate ayudar. Al fin y al cabo, otras personas con éxito también lo hacen: el capitán de la serie *Vacaciones en el mar* seguro que no pensaba que le tocaría fregar la cubierta del barco. Los astronautas no llegan muy lejos —excepto a la Luna—

sin su tripulación de tierra, que hasta tiene que ayudarlos a ponerse el traje. Ni siquiera en un concurso como «¿Quieres ser millonario?» hay que malgastar el comodín de la llamada telefónica que puede dar la victoria.

> **Las derrotas las creas tú sola. Los vencedores trabajan siempre en equipo.**

La plantilla de asesores del presidente estadounidense tiene las dimensiones de una ciudad pequeña mediana. (Si te resulta difícil considerarlo un vencedor, seguro que se deberá a otros motivos.)

Todas las personas con cargos importantes se dejan ayudar. Por lo tanto, está más que justificado que incluyamos en nuestras vidas, para la crianza de nuestros hijos, a cuidadoras, servicios de entrega a domicilio, personal a horas que planche nuestras pilas de ropa, abuelas, vecinos, amigas y asesores fiscales, e incluso los ángeles del automóvil club que nos prestan asistencia en carretera.

Aprende a reconocer los ofrecimientos de ayuda

A menudo son más los vecinos y amigos que nos ofrecen su ayuda de los que creemos. Tampoco es cuestión de tachar precipitadamente de la lista de posibilidades a los ayudantes remunerados: servicios de limpieza, comadronas, asesores en educación y decoración, empresas de mudanzas. Por mi parte, incluso las videntes o los organizadores de eventos para ese exigente aniversario infantil son opciones nada desdeñables.

Aprende a no considerar los ofrecimientos de ayuda como meras fórmulas de cortesía. Si aquella madre del parque sólo quería mostrarse simpática, podría haberse limitado a decir: «¡Tu cochecito es estupendo!», en lugar de insistir por tercera vez: «Cuando tengas hora para la peluquería, nos puedes dejar tranquilamente a los niños».

> **En lo relativo a los ofrecimientos de ayuda,
> al igual que ocurre con las herencias,
> aplica esta máxima: ¡Hay que aceptarlos!**

Por lo tanto:

Aprende a pedir ayuda

¿Cómo pretendes que tu amiga sepa que no duermes desde el pasado miércoles? ¿Cómo se supone que tu vecina debe adivinar que su destornillador eléctrico te sería de utilidad? Mientras tus conocidos no se caractericen por ir acompañados de un gato negro y una turbia bola de cristal, no deberías sobrevalorar su percepción extrasensorial.

Comete errores

Thomas J. Watson, fundador del imperio económico de IBM, aplicaba la máxima: «El que quiera prosperar en mi empresa, deberá duplicar el número de sus errores». Al fin y al cabo, sólo aquellas personas dispuestas a implicarse a fondo y asumir responsabilidades tienen mayores probabilidades de tomar decisiones erróneas.

Convierte tus fracasos en éxitos, en lugar de lamentarte por ellos. Al fin y al cabo, existen varios y buenos motivos para cometer errores:

Tu hijo aprende cómo afrontar las dificultades
Alguien tiene que enseñarle a tu hijo que el mundo no se hunde por una discusión, un parachoques abollado o un suspenso en un examen. Le sirves de ejemplo para que aprenda a disculparse y a recuperarse.

Motivas a tu hijo para que pruebe cosas difíciles
¿Has pensado lo pequeño e impotente que se sentiría tu hijo si siempre fueras perfecta? Si mamá lo puede hacer todo como una *superwoman*, ¿para qué tendría que esforzarse él? Una gran motivación para los niños es hacer algo mejor que sus padres.

Tu compañero también tiene una oportunidad
Él no puede quedarse embarazado ni dar el pecho; incluso el puré de patatas te sale mejor a ti. Le gustaría aún más convivir contigo si no tuviera la impresión de que pasa sus tardes libres con una *supernanny*.

Los errores deparan sorpresas
Colón tenía en mente la vía marítima hacia la India y descubrió América. Gracias a supuestos «errores» y caminos equivocados se han hecho los mayores descubrimientos y los inventos más

geniales en la historia de la humanidad. En un momento de distracción, ¿olvidaste llevar de vacaciones la cuna de viaje para el más pequeño? ¡Quién sabe si en el futuro ganarás una millonada patentando los nudos gordianos que ingeniaste con unas cuantas toallas!

De los errores siempre se aprende algo bueno
Muchos momentos bonitos con mis hijos los olvido casi de inmediato. En cambio, recuerdo a la perfección aquella noche de hace cuatro años en la que me comí una ensalada con cebolla cruda antes de darle el pecho a mi hija. El castigo no tardó en llegar, y durante aquella noche tuve que ocuparme más de los gases de mi bebé que de dormir. Entre tanto, he aprendido mucho acerca de la buena alimentación durante la lactancia, sobre las fases rebeldes y también sobre eliminar pintadas de bolígrafo en las fundas de los almohadones. Los errores son buenos maestros.

No puedes cambiarlo
Desgraciadamente, ni nuestra buena voluntad ni las charlas de los cursos preparto nos protegerán contra el hecho de que, durante la educación de nuestros hijos, cometemos muchos errores. Seguro que, dentro de unos años, tu hijo podrá utilizar la sincera exclamación: «¡Mis padres tienen la culpa!» en su galardonado programa televisivo de humor, o para disculpar sus malas cualidades, como morderse las uñas o su pasión por comprar a subasta en Internet.

Decídete

¿Sería más fácil ser una madre feliz si no tuvieras tantos problemas? Mi tía Susana, en sus viajes un tanto temerarios a la India, acostumbra a pronunciar una ingeniosa frase que también puede aplicarse a las horas extra, al sistema de calefacción averiado y a la alergia de tu hijo al huevo:

> **No existen los problemas; sólo hay**
> **que tomar decisiones.**

Observa la montaña de polvo de cacao que flota sobre el vaso de leche de tu hijo. ¿De qué serviría clavar los ojos en ese montón oscuro y desear que se desvaneciera en el aire? ¡Tienes que poner las cosas en movimiento! Si remueves, el polvo se convertirá en cacao en cuestión de segundos. Los problemas son algo estático. Si nos decidimos, ponemos el asunto en movimiento, de modo que la mayoría de nuestros «grumos de cacao» personales desaparecerán.

Por lo tanto:

Decídete de inmediato

No esperes a que ocurra un milagro; elige entre las posibilidades que se te ofrecen en este momento. Hoy por la tarde, dentro de dos días o tres semanas, muy probablemente no serás más inteligente que ahora. Querer ganar tiempo sólo empeora las cosas.

Demasiado a menudo esperamos una solución ideal, que no llegará

Imagínate que tienes que mudarte. Tu cuenta bancaria te dice que podrías alquilar un piso o comprarte una modesta casa en una zona poco popular. Si ya has verificado de manera realista tus finanzas, es inútil repasar noche tras noche cada céntimo en la cabeza y esperar a que te toque la lotería o recibas una herencia para poderte permitir ese palacio con piscina. Toma una de las decisiones *posibles* e invierte tus energías en decorar bien tu nueva vivienda —ahorrando espacio.

No tengas miedo de tomar decisiones erróneas

Las madres felices no presuponen que todas sus decisiones son necesariamente acertadas. Sólo tienen claro que una decisión que no tomemos *seguro* que es errónea, porque nos impide avanzar y también dificulta las cosas a los otros; además, nos priva de la experiencia de saber si hemos tomado la decisión correcta.

En todo momento tienes la posibilidad de rectificar y corregir tus decisiones

Si, a pesar del dolor de garganta, has llevado a tu hijo a la guardería y media hora más tarde recibes una llamada de la maestra a la oficina diciéndote que está enfermo, puedes ir a buscarlo.

No importa si se trata de comprar pijamas infantiles o de que tu coche esté en llamas; piensa sin vacilar qué dos o tres opciones de acción equivalentes se te ocurren y decídete espontáneamente. De este modo, el problema habrá desaparecido del mundo y tendrás tiempo de ocuparte de los pasos siguientes.

No hagas dos cosas a la vez

Lo que me gusta de ser madre es la intensidad y el ritmo frenético que caracterizan nuestra vida cotidiana. No me sorprende, puesto que, al fin y al cabo, para los próximos años todavía hay algunas cosas en el programa que tenemos que aprender, contabilizar, curar, anotar, empaquetar y lavar. El lema de cualquier día normal es, por consiguiente:

> No hagas dos cosas a la vez: ¡dosifica!

Seguimos esta recomendación con la mayor naturalidad. Hablamos con el contestador automático de la pediatra mientras le cambiamos el pañal al pequeño, vigilamos a nuestra hija de cinco años que está haciendo trabajos manuales y enviamos con una patada al pasillo la bolsa de basura que apesta. Al mismo tiempo, nos encargamos de la supervivencia del plan de pensiones y descongelamos el frigorífico; sin olvidar que la producción de leche de nuestro cuerpo no cesa en ningún momento. ¡Hacer varias cosas a la vez es una especialidad de las mujeres!

Sin embargo, esta parte del libro abarca los «Primeros auxilios en tiempos difíciles», por lo que imperan otras leyes. En cuanto suene la señal interna de alarma y algo parezca escaparse irremediablemente a tu control, deberás aplicar una medida de subsistencia:

> ¡Concéntrate en una sola cosa!

¿Por qué deberías hacerlo? Porque, en casos así, podría ser peligroso querer hacerlo todo a la vez. Te arriesgas a que la situación empeore si, al producirse en momentos críticos, quieres seguir ocupándote de todos los frentes a la vez.

Un niño que lloriquea probablemente no tarda en empezar un concierto de berridos; la mantequilla que todavía se funde bien en la sartén puede convertirse en un instante en un estallido de grasa chisporroteante. Por lo tanto, en momentos difíciles deberías...

- acabar en el garaje la discusión con tu hijo, que está bañado en lágrimas, antes de entrar en la autopista;
- abstenerte de llamar por teléfono móvil mientras cruces la calle principal con migraña y un cochecito cargado a tope;
- reservar los preparativos del costoso suflé de queso hasta que tu hija haya finalizado los experimentos con la caja de tinta china.

Lleva a cabo un experimentado ritual de meditación. En el fondo, no importa si te concentras en el rastrillo de un jardín zen o en cómo abrir una lata de maíz. Es la mentalidad lo que lleva a la relajación, como por ejemplo al

> **«limpiar la mesa».**

Limpia la mesa de tu cocina cuando flaqueen tus fuerzas. Durante un minuto, ignora todas las demás tareas y a los niños peleándose en la habitación contigua. Inspira y espira tranquilamente como si estuvieras sentada delante del inhalador de tu hijo. Haz los gestos con lentitud y no pienses en nada más que en los movimientos circulares de la bayeta sobre la mesa. Ya son muchas las generaciones de madres que, botella de limpiador universal en mano, han recuperado así su paz interior.

No hagas absolutamente nada durante cinco minutos

Cuando llamo a mi amiga Ana después de los informativos y le pregunto: «¿Qué has hecho hoy?», la mayoría de las veces me contesta medio dormida: «Bueno, en realidad, nada...». Pero, como la conozco desde hace veinte años, sé perfectamente que este «nada» se compone como mínimo de dos lavadoras de ropa de color, el lijado de las sillas de la cocina y la lectura de tres cuentos. Y, si una empresa de estadísticas le hace una encuesta telefónica a mi amiga Carolina y le pregunta por su trabajo durante los dos últimos años desde el nacimiento de su hija, ella se empeña en contestar: «Actualmente, no hago nada».

> **¿Seguro que puedes estar sin hacer nada?**

¿No será que te has acostumbrado a una actividad constante que consiste en ordenar, escribir listas, rellenar botellas de agua, contestar preguntas de «por qué» y poner en marcha la lavadora a cuarenta grados? Lo cierto es que, cuando ya no seas capaz de mirar un capítulo entero de tu serie policíaca favorita sin doblar mientras tanto un poco de ropa, habrá llegado el momento de detener el motor materno.

> **Las madres felices, de vez en cuando, no hacen absolutamente nada.**

Dudo que algo así sea posible, mientras tus hijos estén despiertos y cerca de ti. Pero si tienes la extraordinaria suerte de, por ejemplo, estar sentada sola durante media hora en un café,

aprovecha la ocasión para simplemente, eso, estar sentada y mirar a tu alrededor.

¿Qué significa, en este ejemplo, «no hacer absolutamente nada»?:

- No leer nada.
- No escribir mensajes en el teléfono móvil.
- No ordenar recibos viejos del bolsillo de la chaqueta.
- No pedir una segunda consumición.
- No examinar los sobres de azúcar.
- No escribir siquiera un breve recordatorio de que tienes que llevar el coche a la revisión anual.

¿No haces absolutamente nada porque ahora mismo no tienes nada que hacer? Esto no es normal tratándose de madres. Y, a pesar de ello, deberías permitirte ser totalmente inútil por una vez. Si no, podría pasar que, a pesar de todas las señales de aviso, continuaras atrapada en tu rutina porque has olvidado dónde está el freno de emergencia.

> **Saber nadar es algo que no se olvida.**
> **No temas practicar periódicamente**
> **el no hacer nada.**

Son precisamente esos cinco minutos en los que siempre somos más rápidas, mejores y más eficientes que el resto del mundo. Por un momento, convéncete de que el mundo sigue girando sin ti y que puede resultar agradable simplemente formar parte de sus estadísticas.

Da un paseo para adultos

Mi amiga Ana va como mínimo una vez por semana al entreno de voleibol. Está claro que su pelvis no se ha resentido demasiado del nacimiento de sus dos hijos, de modo que puede permitirse dar fuertes saltos.

Las madres como Ana que no sólo buscan —como yo— un gimnasio por la agradable sauna y los deliciosos batidos de frutas, dicen siempre apasionadas: «¡Va muy bien poderse desahogar!». Suena tan convincente que deseaba que Ana escribiera un manual con el título «Salir adelante haciendo deporte». Pero, mientras mi mejor amiga prefiera pasar su tiempo sin niños en el pabellón polivalente en lugar de sentada al escritorio, sólo conozco un método de entrenamiento antiestrés físico y psíquico: dar un paseo.

Quizá repliques aburrida: «¿Otra vez ir de paseo? ¡Si no hago otra cosa durante todo el día!». No me refiero a la dura lucha por ganar metros de asfalto de la que hablaba en el apartado «Participa en el maratón de los transportes», sino más bien a un paseo tal como lo dan los adultos cuando quieren desahogarse.

Si, aún así, te resulta demasiado aburrido, como alternativa, cuando estés estresada puedes estrellar parte de la vajilla contra la pared de casa. (Opción, sin duda alguna, menos habitual, sobre todo para tus vecinos.)

¿Por qué algo que suena tan poco espectacular puede sentarte tan bien?

- Puedes mantener la boca cerrada, en vez de estar continuamente hablando y dando respuestas sobre cuánto falta, sobre si compras un helado y de dónde sale esa raya blanca que cruza el cielo.
- No tienes que empujar ni cargar con nada que tenga arena o que pese más de dos kilos.
- Puedes elegir tú misma la ruta. No tienes por qué procu-

rar evitar las concurridas calles principales ni los puestos de helados, e incluso puedes entrar en las cafeterías y en los restaurantes de comida rápida, encontrarte con viejos conocidos, charlar sin prisas, hacer cola para entrar en el concierto de Bon Jovi, estar de fiesta sin descanso toda la noche... ¡vaya, me parece que estoy empezando a divagar!

- Te desprenderás de tu energía negativa y, observando los chillidos de dos seguidores de un equipo de fútbol, constatarás aliviada que, más allá de los dedos manchados de rotulador y la profilaxis de los dientes de leche, todavía existe el mundo normal.

- Recordarás con qué facilidad se pueden dominar los bordillos de las aceras y los grandes cruces de calles, si excepcionalmente no vas acompañada de niños en edad de ir en cochecito.

Recuerda: eres el mejor purasangre de tus cuadras. Para un animal de tanto valor es muy importante recuperar la calma después de haber trabajado duro o haber sudado mucho. No se trata tanto del rendimiento deportivo como de una fase lenta y final yendo al paso, para evitar que el caballo se enfríe demasiado y enferme. Deja acabar el día en paz. A menos que delante de la cafetería te encuentres con dos antiguos conocidos...

Acaba con la tristeza

Todas nosotras llevamos en nuestro interior una madre feliz. Sin embargo, no hay que confundir la felicidad con el buen humor constante. Quien tras el título de este libro espere encontrar a la mujer perfecta de voz suave y sonrisa permanente en los labios, que hace juegos malabares con la mayor soltura entre su carrera profesional, los hijos y las tardes con las amigas, quizá se sorprenda por la palabra «tristeza». A este tipo de mujeres sólo los encontrarás en los catálogos de las muñecas Barbie. ¡La vida real te exige algo más que paz, alegría y pasteles!

Sin embargo, en la cultura occidental impera un elevado vacío de tristeza. En nuestra sociedad, estar triste se considera un tabú. ¿Guardará esto relación con el hecho de que son pocas las personas que reconocen abiertamente llevar una vida por completo feliz?

Aunque nuestra vida discurra por caminos exitosos, para todos existen momentos en los que hay un trasfondo de tristeza. La mayoría de las veces no se trata de grandes catástrofes, sino de vivencias personales de todos los días que reclaman nuestra atención:

- Dejas de amamantar a tu hijo.
- Tu figura ha cambiado debido al embarazo.
- Tu círculo de amistades y conocidos se transforma.
- Tu hijo es distinto a lo que habías imaginado.
- Tu estilo educativo difiere de tus antiguos ideales.
- Tu hijo empieza a ir a la guardería.
- La felicidad de tu hijo evoca momentos tristes de tu propia infancia.

Como madre feliz, no deberías dar largas a la tristeza. Los sentimientos negativos son como el mantenimiento de un termo de gas. Hay que desprenderse a tiempo de los sedimentos venenosos para que el aparato llene uniforme y silenciosamente la vivienda de calor. Quien, por el contrario, escatime los gastos de mantenimiento, pronto tendrá desagradables temperaturas negativas en su casa y correrá el peligro de que el aparato le estalle en las narices.

Sólo quien se permite estar triste puede también ser feliz. Quien tenga el valor de estar triste no necesitará anestesia ni ningún muro de protección adicional frente a las demás personas. Haz que tus hijos sean fuertes enseñándoles que la tristeza forma parte de la vida.

Da un rodeo

Desde que vuelvo a hacer vida social (explico más al respecto en el apartado «Queda con tu marido»), mi marido y yo decidimos alternativamente el plan. A él le atraen la sauna y los locales de moda; yo, en cambio, me decido siempre por el restaurante chino de la esquina. Me gusta, aunque mi marido insista sin razón en que sólo voy allí porque, como postre, te dan galletas de la suerte que contienen consejos educativos. Ese lugar se llama «Jardín del Loto», y siempre que vamos pido el plato número 37 de la carta y una cerveza grande (también tenemos la costumbre de llegar media hora más tarde de la que habíamos reservado...).

Llegar tarde se ha convertido en algo tan natural para mí como las contracturas cervicales o la chaqueta para toda ocasión llena de manchas. En apariencia, los niños desarrollan con especial rapidez precisamente aquellas habilidades necesarias para retrasar con total eficacia los planes de sus madres.

> **No importa la generosidad con que calcules el tiempo de preparación necesario; al final, siempre acaba siendo insuficiente.**

Los bebés vomitan la leche nada más traspasar el umbral de casa; los niños que van a la guardería rompen a llorar porque no encontramos sus guantes favoritos, y el pequeño de dos años se ha dedicado a saquear el frigorífico mientras le poníamos la chaqueta al recién nacido. A veces tengo la impresión de que mis hijos son como aquellos pequeños paracaídas estabilizadores que ayudan a los aviones a reacción a no llegar demasiado rápido a la pista de aterrizaje...

En suma, mi marido y yo sólo hemos llegado puntuales una vez al restaurante chino. Justamente ese día el mensaje de la galleta de la suerte era el siguiente:

> **«Si te parece que llegas demasiado tarde, da un rodeo.»**

En lugar de enviarle sarcásticamente el consejo a la corporación de taxistas o a los fabricantes de los actuales sistemas de navegación, las madres felices y yo lo hemos sometido a una prueba práctica. Incluso a pesar de que el reloj ya nos había advertido, hemos dado rodeos:

- En el último momento, hemos dejado que nuestro hijo fuera a buscar el osito de peluche a su habitación, y hemos observado con total parsimonia su intento de cerrarse él mismo el velcro de la chaqueta.
- Siempre nos hemos parado para charlar con conocidos o hemos explicado a algún conductor despistado cómo llegar a una calle recóndita.
- Hemos ido a la farmacia a buscar un encargo de una amiga y se lo hemos llevado esa misma tarde, aunque en casa aguardaban los preparativos para las vacaciones que empezaban al día siguiente.
- Con absoluta tranquilidad, hemos tomado el camino a través del parque, sabiendo que es unos doscientos metros más largo.

El resultado nos ha convencido. Estos pequeños rodeos vuelven a poner las cosas en su sitio. En tiempos de estrés, nuestra cabeza no deja de decirnos: «El mundo se derrumbará si no llegas a la guardería con máxima puntualidad. Por lo tanto, es de vital importancia que, al cruzar la calle, ganes veinte segundos de ventaja, y hoy no puedes permitirte una sonrisa amable para la vecina por mucho que te apetezca».

Sin embargo, los pequeños rodeos hacen frente a nuestra agitada razón: «Mi querida cabeza, exageras demasiado. Lo peor que podría ocurrirme sería una mirada de recriminación de la maestra, porque una vez más llego tarde a la guardería. Al fin y al cabo, si dejo que las cosas discurran tranquilamente, me ahorro tiempo, puesto que la charla con la vecina me costará dos minutos. Por el contrario, el ritmo que me indicas me llevaría directamente a la admisión de urgencias del hospital más cercano».

El mensaje de la galleta de la suerte también se podría traducir con estas palabras: «Si piensas que el día debería tener veintisiete horas para que pudieras hacerlo todo, da un rodeo en forma de una pausa de media hora en la mesa de la cocina. Haz una lista y medita tranquilamente. Recuperarás enseguida esta pérdida de tiempo de treinta minutos y conseguirás hacer todo lo necesario».

«¿Por qué no lo escriben directamente así?», se pregunta mi marido. Porque, seguramente, no cabría en los dos centímetros cuadrados de la hojita de la galleta de la suerte.

Conviértete en una madre como muchas otras

Una conocida marca de ropa ha adoptado el eslogan *I'm an individual* y tu marido te encuentra tan única que acabó casándose contigo a pesar de tu predilección por los pijamas de algodón de colorines. Algunos días es agradable ser especial.

Otros días, en cambio, los capítulos bienintencionados de este libro como «Sé única» nos sobrepasan, puesto que no quisiéramos nada más que dejarnos llevar por la corriente, y escuchar a otras mujeres diciéndonos: «Sé cómo te sientes; a mí me pasaba exactamente lo mismo». Pero si las demás mujeres que te rodean sólo saben de niños por las películas o no están dispuestas a una conversación contigo, en los momentos difíciles siempre puedes recurrir a la Asociación Internacional de Madres. Ten por seguro que, en este preciso instante, se cuentan por millones en todo el mundo las madres que se sienten exactamente como tú:

- En estos momentos, a las 3.17 de la madrugada, están caminando por su casa a oscuras con los pies fríos y un bebé cuyo llanto no pueden calmar.
- Contestan por decimoséptima vez a la pregunta «¿Por qué...?».
- Llevan tres horas vomitando en la taza del inodoro, amenizadas por los comentarios de su cuñada: «¡Seguro que será una niña!».
- La inquietud no les permite pensar con claridad, porque su hijo mayor es el primero en dejar el colegio e ir al instituto.

Deja de pensar que está en tus manos conseguir que este pequeño ser se duerma ahora o no. Por lo visto, vendrán problemas de mayor magnitud: problemas de lactancia, resfriados o el momento inevitable en que nuestra hija nos pedirá una muñeca Barbie.

Si tantas madres sienten lo mismo y tienen las mismas experiencias, existen algunas razones que inclinan a pensar que la naturaleza también nos ha proporcionado las habilidades necesarias a fin de superar estas situaciones.

Busca dioses vestidos de blanco

¿Qué es lo que hace que un médico sea bueno? Es amable y te escucha; te apoya en lugar de desanimarte con críticas; es un especialista en su terreno. No sólo te atiende, sino que también te cura. Todo esto parece obvio, pero a menudo la realidad es diferente.

La humanidad sigue dividiéndose entre aquellos que se dejan atender mal por su médico y los que buscan un médico que haga honor a su título. Parece que la posibilidad de elegir libremente a nuestro médico todavía no se ha generalizado en todo el mundo.

Los médicos forman parte de aquel grupo de personas en nuestras vidas de las que dependemos en momentos difíciles. Por consiguiente, las madres felices son exigentes. No se conforman con alguien harto de practicar su profesión, mientras existan personas que se merezcan el apelativo «dioses vestidos de blanco», porque realmente hay médicos que pueden ayudarte a ti y a tus hijos.

Personalmente, mis favoritos prefieren sobre todo la medicina natural. Procuran que, después del tratamiento, no tengan que seguir atendiendo al paciente debido a los efectos secundarios de los fármacos. Me deshago en elogios sobre nuestra pediatra porque resuelve los ataques de tos nocturnos de mi hija y las llamadas histéricas de su madre únicamente con palabras tranquilizadoras, aunque ganaría mucho más dinero recetándonos un antibiótico. Rindo homenaje a mi ginecóloga porque me taladra con sus preguntas hasta que entre las mil y una pastillitas idénticas encuentra exactamente la que me puede ayudar a combatir mis desajustes hormonales o mis problemas de lactancia.

Seguramente tus dioses lo serán por otros motivos: ¿aprecias el esmero de tu médico? ¿O quizá su trato humano o sus modernos métodos de investigación?

Los ejemplares divinos entre los médicos pueden llevar a cabo milagros inexplicables con el simple uso de la razón. Su saber va más allá de los conocimientos técnicos adquiridos durante los estudios. Nunca en la historia de la humanidad he leído sobre dioses que se limiten a sacar su recetario y mirar de reojo su agenda de visitas cuando las criaturas enfermas acuden a ellos con preocupaciones existenciales.

Sin embargo, es bien sabido que no hay que molestarlos innecesariamente con pequeñeces. Algunos arrastran las dolencias habituales de la rutina hasta la consulta del médico, porque eso es más cómodo que hacerse cargo de la propia salud. Primero, ayúdate a ti misma, y después te ayudará el dios vestido de blanco.

Por desgracia, no encontrarás a estas personas increíbles en la letra D de la guía telefónica. Tendrás que preguntar y probar para encontrar a alguien que satisfaga tus exigencias.

Te mereces la sensación de contar a tu lado con un verdadero apoyo cuando se trata de una cuestión tan importante como la salud.

Niños lo bastante felices

Lo bastante es más que suficiente

Si esta noche enciendes el televisor, es muy probable que veas, en una escena de un serial a una madre diciendo a uno de sus hijos: «Sólo lo hago por tu bien, cariño». Sonríes, sin que te afecte el melodrama oculto tras esta frase tópica de la retórica televisiva.

Un libro sobre la felicidad de las madres es, de modo inevitable, también un libro sobre la felicidad de sus hijos. Porque, aunque somos muy valientes a la hora de dormir poco o enfrentarnos a un tigre feroz, cuando vemos que se burlan de nuestro hijo en el parque casi se nos rompe el corazón. Por eso pintamos su habitación de un optimista color amarillo, nos presentamos a las elecciones de representante de los padres en la guardería y renunciamos a nuestra carrera como Miss Universo.

¡Lo único que queremos es que sean felices! Sin embargo, a menudo olvidamos que nosotras no podemos demandar a esos chiquillos despreocupados típicos de los anuncios de caramelos. Y, por este motivo, los pequeños se echan a llorar a la menor contrariedad, no se llevan bien con los demás niños, son impopulares, tienen mala suerte y gimotean infelices a pesar de las dos semanas de vacaciones de aventura con papá.

Si preguntamos a algunos de nuestros conocidos: «¿Qué tal te va todo?», a menudo recibimos como respuesta sincera: «Tirando»; «a decir verdad, no podemos quejarnos»; «bueno…». Lo que es absolutamente normal para la gran mayoría de la población, también es válido para la felicidad de nuestros hijos: lo bastante es más que suficiente.

¿Qué sucedería si dedicaras demasiada energía a que tu hijo fuera feliz?

- Lo someterías a presión. Está bien que confíes tanto en las capacidades de tus hijos, pero la tarea de encontrar el camino hacia la felicidad interior y la satisfacción ya ha colapsado a venerables filósofos y pensadores. Quizá debas permitir que tu hijo juegue tres años más con el Lego antes de depositar en él esperanzas que le habrían valido el Nobel de la paz a Gandhi.

- Dices que serías capaz de todo para que a tu hijo le fueran bien las cosas. Mis antiguos profesores pueden confirmar en este punto mi incompetencia en matemáticas, pero hay algo que sí llegué a comprender: todo = ciento por ciento. Lógicamente, no queda lugar para otra cosa que tu compromiso a todos los niveles, pero podría ser peligroso. Incluso las reservas energéticas aparentemente inagotables de una central nuclear no están exentas de riesgos.

- Le enseñas a tu hijo cómo atarse los zapatos y cómo funciona un camión de la basura. Por lo tanto, si quieres que tu hijo sea feliz, debes enseñarle todo tipo de cosas y actuar como un instructivo ejemplo, lo que nos lleva a la cuestión clave: ¿te ocupas lo suficiente de tus relaciones, de tu salud, es decir, de tu propio bienestar?

- Las madres que intentan mantener el buen humor de sus hijos con cursos creativos y visitas a las tiendas de juguetes, les están diciendo: «¡Hay que evitar la infelicidad a toda costa!». Pero como, de todos modos, nunca lograremos desprendernos por completo del lado oscuro de la vida, es preferible que les enseñes: «También puedes superar los tiempos difíciles; luego te darás cuenta de que la mayoría de las veces es la mitad de malo de lo que parece».

Acepta la «mala conciencia»

Los malos momentos, las amistades entre mujeres y los dientes de leche son cosas que vienen y van, mientras que la mala conciencia de una madre permanece.

Se diría que sólo las madres son capaces de traducir cualquier situación cotidiana al lenguaje de los autorreproches:

«Mi hijo no hace deporte.»
Mi hijo no potencia su sistema motriz.

«Mi hijo ahora hace deporte.»
Mi hijo no puede disfrutar libremente de su infancia, porque su ambiciosa madre lo satura de actividades.

«Enrique se puede comprar un helado.»
Mi hijo tiene una alimentación poco sana.

«Enrique no se puede comprar un helado.»
Excluyo a mi hijo de su círculo de amistades. Tiene que sobrellevar a una madre intolerante.

«Voy con mi marido al cine.»
Descuido a mis hijos.

«Voy con mi amiga al cine.»
Descuido a mi marido.

«No voy al cine.»
Tendría que hacer algo por mí misma de una vez por todas.

Mi marido suele decir que le parecería más fácil aprender chino que entender las cavilaciones y recriminaciones con que su mujer se maltrata. Parece ser que la mala conciencia es innata en las madres. Los hombres carecen de este rasgo genético de autoinculparse.

Acepta tu mala conciencia como aquello que en verdad es: un fenómeno creado por la naturaleza. En cuanto adquiere una dimensión excesiva, es bueno combatirla, pero querer librarse de ella por completo es, sencillamente, una pretensión poco realista.

La madre naturaleza seguro que sabe lo que se hace, puesto que las dudas maternas te ayudan a...

- generar suficiente energía para, en el peor momento de la gripe intestinal, arrastrarte hasta el centro cultural y lograr que tu hija consiga una plaza para su temprana educación musical;
- trabar amistad con otras madres. La confesión sollozante «Seguro que por mi culpa mi hijo ha contraído alergia a las espinacas» resulta de lo más convincente incluso en boca de una señorona estirada, de modo que no dudamos en desvelarle la dirección de nuestro homeópata;
- sustentar todo un sector industrial. Compra dulces, ropa interior de algodón y juegos pedagógicos. Tu mala conciencia garantiza cientos de puestos de trabajo.

Ten en cuenta el ritmo de tu hijo

Algunas madres entre nosotras pueden...

- hacer unas vacaciones de peregrinaje caminando por Sicilia con niños pequeños a cuestas;
- planificar la adaptación de la cuidadora de tus hijos de modo que coincida exactamente con la semana en la que deben preparar una presentación profesional que será decisiva para el futuro de sus carreras;
- cumplir rigurosamente los intervalos de lactancia recomendados por la hoja informativa de la empresa de alimentación infantil;
- conducir sin interrupciones hasta su destino de verano acompañadas de gemelos de un año para dejarse mimar en el hotel de cuatro estrellas recién reformado.

Como puedes ver, confío mucho en nuestras capacidades como madres. No existe prácticamente nada —excepto una eyaculación precoz— que los talentos femeninos no puedan arreglar. Sin embargo, es posible que, con este ritmo, a veces tengamos que interrumpir momentáneamente nuestro rol como madres felices.

Los niños tienen su propio ritmo. La mala voluntad no tiene nada que ver con el hecho de que tu pequeño de seis semanas convierta las noches en días. Julia necesita una eternidad por las mañanas antes de saltar de la cama y ponerse los pantalones. Después de tres días de lluvia, no hay manera de que Pablo se esté quieto a la hora de cenar en casa de la abuela. Querer luchar contra la naturaleza de estos pequeños seres supone energía. Si quieres aligerar tu vida diaria, deberás tener en cuenta algunos principios:

Los niños tienen hambre y sed

En cualquier situación vital, ten siempre a punto un bocadillo, galleta o fruta y algo para beber. Vuelve a darle el pecho a tu hijo antes de emprender el trayecto de tres horas por la autopista. Nunca intentes enseñarle algo complicado a un niño justo media hora antes de comer.

Los niños quieren moverse y gritar

Llévate bien con tus vecinos. No se te ocurra visitar a tu amiga del colegio sin hijos que vive en una moderna casa de diseño acompañada de tus niños. Guarda en el desván esa lámpara modernista que te costó tan cara. Ve con tus hijos de paseo al parque, en lugar de ir al cine, e invierte el dinero que te has ahorrado en colchonetas de espuma.

Los niños necesitan otros niños

Mientras tu instinto maternal o tu DIU no estén por la labor de tener más descendencia, pasa tiempo suficiente en los parques, con amigas que también sean madres, y en ludotecas. Los compañeros de juego adecuados facilitan el día a día a las madres felices más que las golosinas, los dibujos animados o el propio regazo. Por lo tanto, pasa tus vacaciones en un sitio donde los nombres de los juegos infantiles no se confundan con juegos de videoconsola.

Los niños necesitan dormir

Aunque la nostálgica serie *Pipi Calzaslargas* no se emita hasta las 20.30; aunque estés en compañía de una amiga que no veías hace lustros y tus hijos miren como hipnotizados el programa nocturno en la habitación contigua; a pesar de que tus hijos afirmen, con la resistencia de un corredor maratoniano: «Todavía no estoy cansado», el hecho es que los niños necesitan dormir y, a ser posible, con la máxima regularidad. De lo contrario, a la larga te resultará muy difícil mantener tu condición de madre feliz.

Aprende a conocer a tus hijos

Este título te parecerá extraño a menos que, nada más nacer tu retoño hace ya ocho años, le cedieras la patria potestad a su padre, que vive en el extranjero. Al fin y al cabo, conoces mejor a tus hijos que ninguna otra persona sobre la faz de la tierra. Prácticamente nadie más, aparte de ti, sabe de la existencia del pequeño lunar en el ombligo de tu hijo, ni puede enumerar con una seguridad aplastante sus cinco platos preferidos.

Reconozco que yo también estoy firmemente convencida de saberlo todo sobre mis hijos: la mayor, por ejemplo, es tímida y reservada. Le gusta hacer trabajos manuales, es muy reacia a beber agua, necesita dos horas de siesta y todavía no puede cerrarse sola la cremallera de la chaqueta de invierno. Pero ¿acaso estoy en lo cierto?

Quizá me sorprendería si pudiera jugar a ser un ratoncito en la guardería y descubriera cómo se ata sin ayuda los cordones de las zapatillas deportivas para después pegarle un cachete al pobre José, de cinco años, porque le quiere disputar el mejor puesto en la torre de escalada.

De vez en cuando, observa discretamente a tu hijo desde la segunda fila, mientras está inmerso en sus juegos. Intenta mirarlo durante dos minutos con plena conciencia y de la manera más objetiva posible.

113

¿Qué tipo de personalidad es ésta que, día tras día, comparte contigo el plato de macarrones y la bañera?: ¿Coincide con la imagen que te has formado en la cabeza sobre tu hijo? ¿O te dejas guiar por fantasías, temores o algunos comentarios desfasados de tu suegra? Atrévete con las tesis más descabelladas: mi hijo, ¿un aventurero?; ¿un genio del cálculo?; ¿un soñador infatigable? A pesar de las clases de guitarra, ¿reconozco que no tienen ningún sentido musical?

¿Has intentado alguna vez comprimir una sandía en una huevera o transportar zumo de manzana en un colador? Igual de ineficaz resulta intentar convencer a un clandestino jugador de fútbol para que tome clases de piano, o apuntar al tímido talento artístico en la lista de éxitos musicales infantiles: ahorrarás energía si tienes en cuenta la personalidad de tu hijo.

Si, por miedo o comodidad, nos aferramos a una imagen errónea, nos puede pasar como a la madre de Elton John, de la que mi peluquero cuenta que procedía de una familia de artesanos y que, siempre que se le presentaba la ocasión, se lamentaba sobre su hijo: «¡Cuando se trata de clavar un clavo en la pared, parece como si tuviera dos manos izquierdas!». Es posible que se preguntase con desconfianza por qué pasaba tan pocas noches en casa y por qué motivo colgaba sus discos en la pared en un marco de plata. Si se pudiera haber liberado de sus expectativas inflexibles, se habría convertido en la madre feliz y orgullosa de uno de los mayores iconos del pop de nuestro tiempo, en lugar de ser la madre de un mal artesano.

> **Sería una pena desperdiciar una oportunidad
> para querer a nuestros hijos.**

Olvida las reprimendas

¿Te imaginabas siendo una madre sonriente de cuento y, en cambio, te ves a ti misma como un guardia de seguridad que se pasa el día controlando y riñendo? No eres la única que se siente de ese modo; aunque a nadie le apetece escucharlas, las reprimendas forman parte de la rutina de las madres.

¿Por qué, en cuanto podemos, dirigimos a nuestros hijos comentarios agridulces? A tu jefe nunca le dirías: «Aquí tiene las ganancias del último semestre, pero no se las gaste de golpe».

No hay nada que objetar a que, durante la visita al zoo, le digas a tu hijo: «No pongas la mano dentro de la jaula del cocodrilo». Pero ¿qué sentido tiene una frase que se ha convertido en un clásico de los parques?: «¡Cuidado, que no te caigas!». Podrías continuar, en la misma tónica, con: «Sigue respirando, no te arranques los pelos, no tires tu chaqueta al contenedor de la basura...».

¿Es que no podemos pasar sin esos comentarios de advertencia? ¿Acaso forman parte de nuestra responsabilidad como padres? Hay que plantearse si nuestros hijos se caerán menos veces del árbol sólo porque su madre grite cada media hora pronósticos negativos. A menudo se produce justamente la circunstancia opuesta, ya que la percepción de los niños funciona de modo que pasan por alto las negaciones. Por consiguiente, los pedagogos recomiendan formular las exhortaciones siempre en positivo, puesto que lo que queda archivado en la memoria de la advertencia «¡No te caigas!» es únicamente la exclamación «¡Cáete!».

> **Los niños no necesitan reprimendas,
> sino la oportunidad de experimentar
> las consecuencias de sus actos.**

Renuncia a las reprimendas en favor de...

- **Preguntas:** «¿Por dónde crees que podrías subirte mejor al muro?».

- **Ofrecimientos de ayuda:** «Aquí tienes mi mano, si te hace falta».

- **Hechos:** «Esa lata tiene un borde afilado. Puedes agarrarla bien por este lado».

Prescinde de tu rol de controladora preocupada y crítica y, en lugar de eso, ayuda a tus hijos, explícales el mundo, consuélalos, anímalos; en pocas palabras: asume el rol de una madre feliz. Indudablemente, en caso de cruzarte con un cocodrilo puedes hacer una excepción.

La felicidad materna por sí sola no basta

Considera las renuncias una preparación para la adolescencia

En la sala de partos ya queda claro que eres insustituible como madre. Incluso una mañana tuya de compras por la ciudad logra que el padre, incapaz de dar el pecho, tenga que recurrir al teléfono móvil. Sentirse necesitada es una experiencia agradable, pero no deberías acostumbrarte a ella. En algún momento, sin que te des cuenta, la palabra mágica «mamá» quedará sustituida por un «¡quiero hacerlo solo!».

De repente, tus hijos rechazan tu ayuda al subir por primera vez a la torre de escalada del parque. Tu opinión ya no cuenta cuando intentan elegir un helado de la carta. Y la pregunta a la salida del parvulario: «¿A qué has jugado hoy?» se considera una exigencia desmesurada.

Aprovecha el tiempo y practica desde este mismo instante para cuando llegue la adolescencia de tus hijos:

- Nunca confíes en que llegará el momento en que tus hijos dejarán de quejarse. La psicología describe bastantes fases del desarrollo en las que puedes colmar a los pequeños con tanto amor, fantasía y patatas fritas como seas capaz sin que exista esperanza alguna de recibir un aplauso. Ahórrate el esfuerzo y relee el apartado «Lo bastante es más que suficiente».

- Cada niño tiene su personalidad, con predilecciones y antipatías propias. El plato preferido, los compañeros de juego, la cuestión de la ropa: las madres felices permiten que sus hijos decidan con frecuencia por sí mismos, siempre que no se trate de algo que pueda perjudicarles. Facilítate las cosas. Ahórrate, por ejemplo, las discusiones junto al armario de la ropa de la habitación de los pequeños. Al fin y al cabo, no serás tú quien se enfrente a la llovizna con el vestido de verano. Dentro de poco te concienciarás y te atreverás a traspasar la puerta de casa con la cabeza bien alta, aunque no hayas conseguido disuadir a tu hijo de que se ponga el disfraz de liebre ni hayas logrado que se limpie la boca pegajosa por la mermelada. Cuando llegue ese día, estarás en el buen camino para convertirte en una madre feliz.
- Acaba con el rol lisonjero de la «madre imprescindible» antes de que lo hagan tus hijos por ti. Las cuidadoras, las abuelas, las amigas sin hijos, incluso los padres, pueden ocuparse perfectamente de tus valiosos pequeños una tarde a la semana.
- Disfruta de ser innecesaria. ¿Hay algo que siempre hayas querido hacer?: ir a bailar, quedar con los amigos, pintar,

ir en moto, continuar formándote profesionalmente, coleccionar pegatinas o noticias curiosas: las madres felices no definen la seguridad en sí mismas únicamente a través de la familia. Tanto si son poetisas como si les encanta salir de noche, estas mujeres siempre tienen en la recámara una segunda imagen de sí mismas. Esto las salva en los momentos en que los pequeños les otorgan el título de «mamá tonta» incluso antes del desayuno.

- Mantén la atención puesta en tu actividad laboral. Algún día, inevitablemente, tendrás que decidirte. Si has solicitado la baja por maternidad, durante este tiempo podrías ver que se te escapan oportunidades inesperadas. A veces son los pequeños detalles, como una fugaz visita a tu puesto de trabajo, los que deciden sobre una reincorporación posterior sin problemas.

- «¿Con quién has jugado hoy?» «¿Te lo has pasado bien en casa de la abuela?» A las madres nos encantaría estar absolutamente al corriente acerca de la vida de nuestros hijos. Presta atención a lo que te diga tu estómago: ¿quieres demostrarle a tu hijo que estás interesada en su vida cotidiana? ¿O lo que realmente deseas es el control ilimitado sobre tu protegido? A veces, a los niños simplemente no les apetece hablar. Puede que éstas sean palabras mayores para un pequeño ser, pero también ellos tienen su esfera privada. Al fin y al cabo, te fías de él, ¿no?

La cuestión es que todo acaba llegando a su fin: los dolores del parto, los cólicos de los tres meses, el derecho a subvenciones para la escuela y la petición de tu hija de que la acompañes al aniversario de una amiga. La edad para contar historias antes de dormir se acaba, igual que la rabieta en el supermercado. Sea lo que sea, acabará cambiando. Y más rápido de lo que piensas.

Queda con tu marido

Las investigaciones al respecto han demostrado que aquellas parejas que han vivido juntas situaciones insólitas y excitantes tienen más probabilidades de ser felices en su matrimonio.

Si no te interesan en absoluto las relaciones vivas y sólo necesitaste a tu marido para la donación de semen, puedes saltarte este capítulo. Sin embargo, la mayoría de nosotras asentimos melancólicas cuando leemos en las revistas para padres: «Cuida el jardín del amor. Reserva horas en las que no sólo seas padre o madre, sino también amante de tu pareja».

Existen ejemplares característicos entre nosotras, las madres, que sólo necesitan una pizza congelada y el último modelo de sujetador para reavivar la intimidad. A mí me seducen las tardes que pasamos juntos entre pilas de ropa por planchar y facturas impagadas, o enfrentarnos juntos a la declaración de impuestos.

> **Sólo hay algo que sirve: salir.**

Parece más fácil de lo que es en realidad. En los últimos años, los tres días de fiebre por episodio de gripe, las citas profesionales, el cansancio y el vago redomado que todos llevamos dentro, nos han desbaratado los proyectos más de lo que habríamos querido. Pero, a partir del día en que otra madre me confesó su ritual, esto no volverá a suceder:

Primeros auxilios para saltar del sofá

1. Lo más importante: acuerda con tu marido y con la cuidadora citas fijas, por ejemplo, cada dos viernes. ¿Quizá puedes conseguir el compromiso de la abuela o de otra amiga? La solución más costosa, pero también más fiable,

es una cuidadora remunerada. Considéralo una inversión en tu calidad de vida y tu relación de pareja. La oleada creciente de divorcios tiene un precio mucho más elevado. Tu dinero estará mejor invertido en una cena a la luz de las velas. Comprobarás que vale la pena.

2. Haz turnos con él para planificar las noches. Piensa en qué te apetece. Cuando te toque decidir, *no* intentes satisfacer a tu compañero. Él podrá hacer realidad sus sueños en la próxima cita.

3. Mantén tus planes en secreto hasta estar fuera de casa. Únicamente dale una pista sobre cómo debe ir vestido: ya sea a juego con unas zapatillas de deporte o con un calzado de diseño italiano.

4. Es indispensable que no te saltes la siguiente regla: ¡prohibido criticar! Quien se deja sorprender por los planes del otro, no debe criticarlos ni siquiera con una observación, aunque acabe viendo una película de cine independiente o lo secuestren para asistir a un concierto de laúd.

Existen muchas cosas bonitas que muy a menudo no nos atrevemos a hacer. En parte, estos proyectos apenas cuestan dinero, pero nos recompensan con una velada increíble: un paseo por el campo, un picnic nocturno en el parque, una visita al autocine, la inauguración de una exposición, una cena en el nuevo restaurante de comida exótica, un recorrido en bicicleta por un barrio desconocido de la ciudad o, incluso, una escapada a la piscina sin niños, pero con una ración grande de patatas fritas.

La madre feliz que me reveló este ritual, en sus «veladas para padres» con su compañero a veces también queda con amigos. Sin embargo, por nuestra parte hemos estado de acuerdo en que lo más importante para nosotros en estas ocasiones es la vida en pareja. Haz la prueba.

Búscate una afición mental

Si antes de dormirse, el padre de mis hijos me preguntase: «¿todavía me quieres?», no le contestaría. Este atractivo hombre con su simpática personalidad no debería preocuparse por la respuesta a pesar de mi elocuente silencio. Simplemente, lo más probable es que no haya oído su pregunta. Durante todo el día estoy allí para otras personas, pero, justo antes de dormirme, me evado por unos instantes. Durante este tiempo me permito el divertido lujo de las madres felices: una afición mental. ¿Qué se supone que significa esto?

Inventarse historias, pensar en destinos de viaje, decorar casas inexistentes, idear recetas, recrear fantasías sexuales, verse como la protagonista de una película, buscar palabras que se puedan leer igual empezando por el principio o por el final, componer...

> **Las madres felices huyen de vez en cuando al área de bienestar global de sus pensamientos, porque...**

- es un lugar donde los niños no pueden romper ni ensuciar nada;
- es una práctica que se puede llevar a cabo incluso con un bebé durmiendo en el ferry rumbo a Suecia;
- lo puedes hacer estando tumbada en la cama o relajándote en una cómoda hamaca. ¿Qué beneficio te reporta una técnica que te obliga a estar sentada durante seis horas con la espalda curvada delante de la máquina de coser o que te hace volver del gimnasio con una rotura de ligamentos?
- así entrenas una parte de tu cuerpo que, de lo contrario, no utilizas a pleno rendimiento si te limitas a memorizar la lista de la compra o hacer preguntas como «¿Dónde está mi ratón?».

Las aficiones mentales son muy amigas de las madres. No tienen piezas pequeñas que se puedan tragar. No provocan alergias ni perjudican la ya debilitada cuenta corriente.

Busca un tema al que te guste dedicar tus pensamientos. No importa que éstos recorran columnas de números, países lejanos o la lista de las mujeres mejor vestidas de la revista *Vanity Fair*.

Busca el trabajo de tus sueños

Cinco meses después del nacimiento de nuestra primera hija, volví a mi trabajo con un número de horas laborales lo bastante elevado como para que mi marido pudiera solicitar el medio año de baja por paternidad que habíamos planeado. Me sentía infeliz por estar separada de mi hija, totalmente sobrecargada y demasiado exhausta para admitir mi malestar. Intenté convencerme a mí misma de que debía ser así. Al fin y al cabo, muchas mujeres a mi alrededor hacían exactamente lo mismo y, en apariencia, no les costaba ningún esfuerzo. Al contrario que la mayoría de ellas, yo tenía a un marido en casa que preparaba leche caliente para mi hija y un plato humeante para mí.

El ejercicio de una profesión, y cuándo y en qué medida la ejercemos, determina considerablemente nuestra calidad de vida como madres. No podemos cerrar los ojos a esta circunstancia, aunque sea lo que más nos gustaría, teniendo en cuenta la situación del mercado laboral y la última noche que hemos pasado en vela.

Para ser sinceras, después del nacimiento de un hijo, toda mujer está atrapada en la trampa del bebé, aunque esté en la situación feliz de poder salir pronto de ella. Algunas de nosotras nos forzamos a reincorporarnos enseguida al mercado laboral o para ocupar puestos a tiempo parcial con dudosas ventajas, que no impiden ver a los hijos hasta la hora de la cena. Otras pasan los años siguientes felizmente sentadas en el parque junto con microbiólogas preocupadas por la suciedad o psicopedagogas expertas en dejar jugar, y aprovechan su formación en cálculo estático para evitar que se derrumbe el castillo de arena.

En realidad, la expresión «volver al trabajo» es falsa, puesto que tu puesto de trabajo, tal como lo conocías, y la rutina correspondiente, ya no existen. No tiene nada que ver si, como mujer sin hijos, te habías dedicado a tu carrera profesional y al estado de tu cuenta bancaria, con que, además, haya que controlar la varicela y tener presente el horario de la guardería. Es indudable que una madre en activo necesita mucho talento organizativo. Si te colocas más o menos libremente en esta estresante situación, debería ser por algo que de verdad te haga sentir bien, ¿no te parece?

> Las madres felices buscan el trabajo de sus sueños.

No me estoy refiriendo necesariamente a una carrera profesional como modelo o directora creativa. Para una mujer que ha pasado el último medio año prácticamente sólo en compañía de un bebé, el no va más puede consistir en llevar ropa sin restos de leche o verduras y estar sentada con treinta *adultos* en una amplia oficina. Mientras que otra mujer puede disfrutar sumando inmutables filas de cifras sin tenerse que preocuparse por quien riñe en la habitación de al lado.

Pero puede que también consideres que el trabajo de tus sueños consiste en poder quedarte en casa el día del tercer cumpleaños de tu hijo, a pesar de la opinión de tus compañeros masculinos de que allí ya no haces falta desde que los gemelos pueden correr.

> **Si te gusta trabajar, también trabajarás a gusto.**

Las madres felices son cualquier cosa menos ingenuas, y no todas han sido bendecidas con maridos millonarios. Son muy conscientes del hecho de que prácticamente en ningún otro asunto tienen que someterse a tantas presiones materiales. Estas mujeres han comprendido que nadie persigue a las madres para ofrecerles el trabajo de sus sueños, así que tienen que buscarlo minuciosamente y hacer algo por conseguirlo.

No importa por qué opción te decidas: tus hijos notarán si tu trabajo significa algo para ti. Muéstrales que puede valer la pena defender algo contra viento y marea. Seguro que más adelante sacarás provecho del ejemplo que les has dado.

El fin del contrato de alquiler

Parece responder a la propia naturaleza del ser humano el hecho de que, en determinadas fases de la vida, nos retiremos de la vida pública para recluirnos en la esfera privada. Cuando yo tenía nueve años, por ejemplo, la fiebre del Monopoly nos retuvo a mis hermanos y a mí durante toda una semana de vacaciones en la mesa delante del sofá de la casa de veraneo. Seguramente hicimos perder la paciencia de nuestros padres, puesto que prácticamente no había otro tema de conversación que no fuera el hotel más nuevo de la calle X o los precios exorbitantes de la calle Y.

En el caso del Monopoly, la enajenación duró siete días. Con el nacimiento de un hijo, esos siete días pueden convertirse fácilmente en siete años de reclusión en la torre de marfil con tapaenchufes incluido. Durante ese tiempo, las cuestiones infantiles son prioritarias. Pensamos, y con razón, que somos el ombligo del mundo, y evitamos tanto como nos es posible los grandes acontecimientos de la política mundial, las visitas a la peluquería o las actividades con el equipo de balonmano. Probablemente, las madres felices son una verdadera prueba de paciencia para el resto del mundo.

Pero ¿qué quiere decir esto? Siempre me faltan las palabras cuando tengo que describir por qué esta deslucida fase vital me gusta tanto, a pesar de las ojeras crónicas o la impregnación mu-

sical de melodías infantiles. Si compartes mi opinión, disfruta del tiempo que vas a pasar en la torre de marfil, subvencionada además por el Estado. Déjate cautivar por la primera sonrisa de tu hijo y cuelga orgullosa en Internet las ecografías y los dibujos con ceras. Simplemente, no se te olvide echar de vez en cuando una mirada furtiva más allá de este horizonte, puesto que ahí fuera la vida también continúa.

Al fin y al cabo, el «milagro de la vida» no se limita únicamente a un montón de células en forma de renacuajo que, al cabo de cuarenta semanas de gestación, se convierten en el punto central de nuestro quehacer cotidiano. En tu entorno se desarrollan cada día nuevas amistades, reformas de edificios, especialidades de café, escándalos medioambientales, perspectivas laborales y aparecen grupos de música cuyos nombres nos recuerdan a los aditivos de las ensaladas.

Es positivo no ignorar al resto del mundo sin hijos. Dentro de un par de años tendrás que volver a salir a la superficie y cambiar tu identidad de madre feliz por el rol de la amazona feliz, la conductora de taxi feliz, la ganadora feliz de la lotería, la alcaldesa feliz o la feliz presidenta del club de fans de algún cantante famoso.

Esa adaptación te será más fácil si has buscado a tiempo dónde encontrar autoafirmación y sentimiento de bienestar también fuera de la zona infantil.

El contrato de alquiler en la torre de marfil expirará inexorablemente; no hay más remedio que afrontarlo. De hecho, cuando tengan quince años, a nuestros hijos les resultará embarazoso que su madre declare públicamente en la fiesta de la escuela que su maternidad es una experiencia muy satisfactoria y que se siente realizada. Es mejor dar el paso en el momento adecuado y dejar libre la torre de marfil para la siguiente generación. Una madre que puede soltar a sus pequeños a tiempo; tal es

el secreto de los niños felices.